U0101476

楚世家第十　史記四十

楚之先祖出自帝顓頊高陽高陽者黃帝之孫昌意之子也高陽生稱正義曰尺證反稱生卷章卷章生重黎徐廣曰世本云老童生重黎及吳回譙周曰老童即卷章○索隱曰重氏黎氏二官代司天地重爲木正黎爲火正據左氏少昊氏之子曰重顓頊氏之子曰黎今以重黎爲一人乃是顓頊之子孫者劉氏云少昊氏之後曰重顓頊氏之後曰重黎對彼重則單稱黎若自言當家則稱重黎故楚及司馬氏皆重黎之後非關少昊之重愚謂此解爲當重黎爲帝嚳高辛居火正索隱曰此重黎爲火正彼少昊氏之後重自爲木正知此重黎即彼之黎也甚有功能光融天下帝嚳命曰祝融虞翻曰祝大融明也韋昭曰祝始也共工氏作亂帝嚳使重黎誅之而不盡帝乃以庚寅日誅重黎而以其弟吳回爲重黎後復居火正爲祝融吳回生陸終陸終生子六人坼剖而產焉干寶曰先儒學士多疑此事譙允南通才達學精核數理者也作古史考以爲作者妄記廢而不論余亦尤其生之異也然案六子之世子孫有國升降六代數千年間迭至霸王天將興之必有尤物乎若夫前志所傳脩已背坼而生禹簡狄胷剖而生契歷代久遠莫足相證近魏黃初五年汝南屈雍妻王氏生男兒從右胳下水腹上出而平和自若數月創合母子無恙斯蓋近事之信也以今況古固知注記者之不妄也天地云爲陰陽變化安可守之一端槩以常理乎詩云不坼不剖無災無害原詩人之旨明古之婦人嘗有坼剖而產者矣又有因產而遇災害者故美其無害也○索隱曰系本云陸終娶鬼方氏之妹謂之女嬇其長一曰昆吾虞翻曰昆吾名樊爲己姓封昆吾世本曰昆吾者衛是也○索隱曰系本云其一曰樊是爲昆吾宋忠曰昆吾國名己姓所出左傳曰衛侯夢見被髮登昆吾之觀今濮陽城中有昆吾臺是○正義曰括地志云濮陽縣古昆吾國也昆吾故城在縣西三十里臺在縣西百步即昆吾墟也二曰參胡世本曰參胡者

韓是也○索隱曰系本云二曰惠連是為參胡宋忠曰參胡國名斯姓無後三曰彭祖虞翻曰名翦為彭姓封於大彭世本曰彭祖者彭城是也○索隱曰系本云三曰籛鏗是為彭祖虞翻所云是也○正義曰括地志云彭城古彭祖國也外傳云殷末滅彭祖國也虞翻云名翦神仙傳云彭祖諱鏗帝顓頊之玄孫至殷末年已七百六十七歲而不衰老遂往流沙之西非壽終也四曰會人世本曰會人者鄭是也○索隱曰系本云四曰求言是為鄶人宋忠曰求言名也妘姓所出鄶國也○正義曰括地志云故鄶城在鄭州新鄭縣東北二十二里毛詩譜云昔高辛氏之土祝融之墟歷唐至周重黎之後妘姓處其地是為鄶國為鄭武公所滅也五曰曹姓世本曰曹姓者邾是也○索隱曰系本云其五曰安是為曹姓宋忠云安名也曹姓者諸曹所出也○正義曰括地志云故邾國在黃州黃岡縣東南百二十一里史記云邾子曹姓也六曰季連羋姓楚其後也索隱曰系本云六曰季連是為芊姓季連者楚是也宋忠曰季連名也芊姓諸楚所出楚之先芊音彌是反芊羊聲也昆吾氏夏之時嘗為侯伯桀之時湯滅

之彭祖氏殷之時嘗為侯伯殷之末世滅彭祖氏季連生附沮孫檢曰一作祖○索隱曰沮音才敍反附沮生穴熊其後中微或在中國或在蠻夷弗能紀其世周文王之時季連之苗裔曰鬻熊鬻熊子事文王蚤卒其子曰熊麗熊麗生熊狂熊狂生熊繹熊繹當周成王之時舉文武勤勞之後嗣而封熊繹於楚蠻封以子男之田姓羋氏居丹陽徐廣曰在南郡枝江縣○正義曰潁容云傳例云楚居丹陽今枝江縣故城是括地志云歸州巴東縣東南四里歸故城楚子熊繹之始國也又熊繹墓在歸州秭歸縣輿地志云秭歸縣東有丹陽城周迴八里熊繹始封也楚子熊繹與魯公伯禽衛康叔子牟晉侯燮齊太公子呂

伋俱事成王熊繹生熊艾熊艾生熊黮索隱曰一作黵
音土感反黮音與但與亶同字亦作亶也熊黮生熊勝熊勝以弟熊楊為
後索隱曰鄒誕本作熊鍚又作煬熊楊生熊渠熊渠生子三人當
周夷王之時王室微諸侯或不朝相伐熊渠甚
得江漢閒民和乃興兵伐庸杜預曰庸今上庸縣○正義曰括地志云
房州竹山縣本漢上庸縣古之庸國昔周武王伐紂庸蠻在焉楊粵索隱曰有本作楊雩音吁地名也今音越
譙周作楊越至于鄂正義曰五各反劉伯莊云地名在楚之西後徙楚今東鄂州是括地志云鄧州向城
縣南二十里西鄂故城是楚西鄂熊渠曰我蠻夷也不與中國之
號謚乃立其長子康為句亶王張瑩曰今江陵也○索隱曰系本康作庸
亶作袒地理志云江陵南郡之縣也楚文王自丹陽徙都之中子紅為鄂王九州記曰鄂今

武昌○索隱曰有本作褻紅音贄貫紅從下文熊贄紅讀古史考及鄒氏劉氏等無音褻紅恐非也○正義曰括地志云武
昌縣鄂王舊都今鄂王神即熊渠子之神也少子執疵為越章王索隱曰系本無執字
越作就○正義曰即上鄂王紅也皆在江上楚蠻之地及周厲王
之時暴虐熊渠畏其伐楚亦去其王後為熊毋
康徐廣曰即渠之長子毋康早死熊渠卒子熊摯紅立摯
紅卒其弟弒而代立曰熊延索隱曰如此史意即上鄂王紅也譙周以為熊
渠卒子熊翔立卒長子摯有疾少子熊延立此云摯紅卒其弟煞而自立曰熊延欲會此代系則翔亦毋康之弟熊渠者
既卒毋康又早卒其摯紅立而被延煞故史考言摯有疾而此言弒也○正義曰譙周言摯有疾此言殺未詳宋均注樂
緯云熊渠嫡嗣曰熊摯有惡疾不得為後別居於夔為楚附庸後王命曰夔子也熊延生熊勇熊
勇六年而周人作亂攻厲王厲王出奔彘熊勇十

年卒弟熊嚴爲後熊嚴十年卒有子四人長子伯霜中子仲雪次子叔堪(索隱曰堪一作湛)少子季徇(索隱曰徇音旬俊反)熊嚴卒長子伯霜代立是爲熊霜熊霜元年周宣王初立熊霜六年卒三弟爭立仲雪死叔堪亡避難於濮(杜預曰建寧郡南有卜夷○正義曰按建寧晉郡在蜀南與蠻相近劉伯莊云濮在楚西南孔安國云庸濮在漢之南按成公元年楚地千里孔說是也)而少弟季徇立是爲熊徇熊徇十六年鄭桓公初封於鄭二十二年熊徇卒子熊咢立(索隱曰咢音鄂亦作噩)熊咢九年卒子熊儀立是爲若敖若敖二十年周幽王爲犬戎所弒周東徙而秦襄公始列爲諸侯二

十七年若敖卒子熊坎立是爲霄敖(索隱曰坎音苦感反一作菌又作欽)霄敖六年卒子熊眴立(徐廣曰眴音舜○索隱曰按玉篇眴在目部顏氏云楚之先即蚡冒也劉音舜其近代本字有從目者故劉氏有舜音非也)是爲蚡冒(索隱曰古本蚡作羒音墳冒音亡北反或亡報反)蚡冒十三年晉始亂以曲沃之故蚡冒十七年卒蚡冒弟熊通弒蚡冒子而代立是爲楚武王武王十七年晉之曲沃莊伯弒主國晉孝侯十九年鄭伯弟段作亂二十一年鄭侵天子之田二十三年衞弒其君桓公二十九年魯弒其君隱公三十一年宋太宰華督弒其君殤公三十五年楚伐隨(賈逵曰隨姬姓也杜預曰隨國今義陽隨縣○正義

曰括地志云隨州外城古隨國地世本云楚武王墓在豫州新息隨姬姓也武王卒師中而兵罷括地志云上蔡縣東北
五十里隨曰我無罪楚曰我蠻夷也今諸侯皆為叛
相侵或相殺我有敝甲欲以觀中國之政請王
室尊吾號隨人為之周請尊楚王室不聽還報
三十七年楚熊通怒曰吾先鬻熊文王之師也
早終成王舉我先公乃以子男田令居楚蠻夷
皆率服而王不加位我自尊耳乃自立為武王
與隨人盟而去於是始開濮地而有之五十一年
周召隨侯數以立楚為王楚怒以隨背己伐隨武
王卒師中而兵罷皇覽曰楚武王冢在汝南郡鮦陽縣葛陵鄉城東北民謂之楚王岑漢永

平中葛陵城北祝里社下於土中得銅鼎而名曰楚武王由是知楚武王之冢民傳言秦項赤眉之時欲發之輒頹壞填
壓不得發也○正義曰有本注葛陂鄉作葛陵鄉者誤也地理志云新蔡縣西北六十里有葛陂鄉即費長房投竹成龍
之陂因為鄉名也子文王熊貲立始都郢正義曰括地志云紀南故城在荊州
江陵縣北五十里杜預云國都於郢今南郡江陵縣北紀南城是括地志云又至平王更城郢在江陵縣東北六里故郢
城是也文王二年伐申過鄧正義曰括地志云故申城在鄧州南陽縣北三十里
晉太康地志云周宣王舅所封故鄧城在襄州安養縣北二十里春秋之鄧國莊十六年楚文王滅之服虔云鄧曼姓也
鄧人曰楚王易取鄧侯不許也六年伐蔡正義
曰豫州上蔡縣在州北七十里古蔡國也縣外城蔡國城也虜蔡哀侯以歸已
而釋之楚彊陵江漢間小國小國皆畏之十
一年齊桓公始霸楚亦始大十二年伐鄧滅之

十三年卒子熊囏立史記音隱云囏古艱字是爲杜敖索隱曰杜作壯側狀反杜敖五年欲殺其弟熊惲索隱曰惲音紆粉反左氏作頵紆頓反惲奔隨與隨襲弒杜敖代立是爲成王成王惲元年初即位布德施惠結舊好於諸侯使人獻天子天子賜胙曰鎮爾南方夷越之亂無侵中國於是楚地千里十六年齊桓公以兵侵楚至陘山正義曰杜預云陘楚地潁川召陵縣南有陘亭括地志云陘山在鄭州西南一百一十里即此山是也屈曲勿反下音柏楚族也楚成王使將軍屈完以兵禦之與桓公盟桓公數以周之賦不入王室楚許之乃去十八年成王以兵北伐許地理志曰潁川許昌縣故許國也許君

肉袒謝乃釋之二十二年伐黄索隱曰汝南弋陽縣故黄國○正義曰括地志云黄國故城漢弋陽縣也秦時黄都嬴姓在光州定城縣四十里也二十六年滅英徐廣曰年表及他本皆作英一本作黄○正義曰英國在淮南蓋蓼國也不知改名時也三十三年宋襄公欲爲盟會召楚楚王怒曰召我我將好往襲辱之遂行至盂正義曰音于宋地也遂執辱宋公已而歸之三十四年鄭文公南朝楚楚成王北伐宋敗之泓射傷宋襄公襄公遂病創死三十五年晉公子重耳過成王以諸侯客禮饗而厚送之於秦三十九年魯僖公來請兵以伐齊楚使申侯將兵伐齊取穀杜預曰濟北穀城縣○正義曰括地志云穀在濟州東阿縣東二十六里置

齊桓公子雍焉齊桓公七子皆奔楚楚盡以爲上大夫滅夔夔不祀祝融鬻熊故也服虔曰夔楚熊渠之孫熊摯之後夔在巫山之陽秭歸鄉是也○索隱曰譙周作滅歸歸即夔之地名歸縣之鄉也夏伐宋宋告急於晉晉救宋成王罷歸將軍子玉請戰成王曰重耳亡居外久卒得反國天之所開不可當子玉固請乃與之少師而去晉果敗子玉於城濮成王怒誅子玉四十六年初成王將以商臣爲太子語令尹子上子上曰君之齒未也杜預曰齒年也言尚少而又多內寵絀乃亂也楚國之舉常在少者賈逵曰舉立也且商臣蠭目而豺聲忍人也服虔曰言忍爲不義不可立也王不聽立之後又欲立子職賈逵曰職商臣庶弟也而絀太子商臣商臣聞而未審也告其傅潘崇曰何以得其實崇曰饗王之寵姬姬當作妹江芊而勿敬也商臣從之江芊正義曰芊亡爾反怒曰宜乎王之欲殺若而立職也商臣告潘崇曰信矣崇曰能事之乎服虔曰若立職子能事之曰不能能亡去乎曰不能能行大事乎服虔曰謂弑君曰能冬十月商臣以宮衛兵圍成王成王請食熊蹯而死杜預曰熊掌難熟冀久將有外救之也不聽丁未成王自絞殺商臣代立是爲穆王穆王立以其太子宮予潘崇使爲太師掌國

事穆王三年滅江杜預曰江國在汝南安陽縣四年滅六蓼六
蓼皐陶之後杜預曰六國今廬江六縣蓼國今安豐蓼縣八年伐陳十
二年卒子莊王侶立莊王即位三年不出號令
日夜爲樂令國中曰有敢諫者死無赦伍舉入
諫莊王左抱鄭姬右抱越女坐鍾鼓之間伍舉
曰願有進隱隱謂隱藏其意曰有鳥在於阜三年不蜚
不鳴是何鳥也莊王曰三年不蜚蜚將冲天三
年不鳴鳴將驚人舉退矣吾知之矣居數月淫
益甚大夫蘇從乃入諫王曰若不聞令乎對曰
殺身以明君臣之願也於是乃罷淫樂聽政所

誅者數百人所進者數百人任伍舉蘇從以政
國人大說是歲滅庸正義曰房州竹邑縣今是也六年伐宋
獲五百乘八年伐陸渾戎服虔曰陸渾戎在洛西南○正義曰尹姓之戎徙居
陸渾遂至洛觀兵於周郊服虔曰觀兵陳兵示周也周定王使
王孫滿勞楚王服虔曰以郊勞礼迎之也楚王問鼎小大輕重
杜預曰示欲逼周取天下對曰在德不在鼎莊王曰子無阻九
鼎楚國折鉤之喙正義曰喙許衛反凡戟有鉤喙鉤口之尖也言楚國戟之鉤口尖有折者
足以爲鼎言鼎易得也足以爲九鼎王孫滿曰嗚呼君王其
忘之乎昔虞夏之盛遠方皆至貢金九牧服虔曰使九州
之牧貢金鑄鼎象物賈逵曰象所圖物著之於鼎百物而爲之備使

民知神姦（杜預曰圖鬼神百物之形使民逆備之也）桀有亂德鼎遷於殷載祀六百（賈逵曰載辭也祀年也商曰祀王肅曰載祀者猶言年也）殷紂暴虐鼎遷於周德之休明雖小必重（杜預曰不可遷）其姦回昏亂雖大必輕（杜預曰言可移）昔成王定鼎于郟鄏（杜預曰郟鄏今河南也河南縣西有郟鄏陌武王遷之成王定之○索隱曰按周書郟雒北山名音甲鄏謂田厚鄏故以名焉）卜世三十卜年七百天所命也周德雖衰天命未改鼎之輕重未可問也楚王乃歸九年相若敖氏（左傳曰子越椒）人或讒之王王恐誅反攻王王擊滅若敖氏之族十三年滅舒（杜預曰廬江六縣東有舒城也）十六年伐陳殺夏徵舒徵舒弒其君故誅之也已破陳即縣之

羣臣皆賀申叔時使齊來不賀王問對曰鄙語曰牽牛徑人田田主取其牛徑者則不直矣取之牛不亦甚乎且王以陳之亂而率諸侯伐之以義伐之而貪其縣亦何以復令於天下莊王乃復國陳後十七年春楚莊王圍鄭三月克之入自皇門（賈逵曰鄭城門何休曰郭門也）鄭伯肉袒牽羊以逆（賈逵曰肉袒牽羊示服為臣隸也）曰孤不天不能事君君用懷怒以及敝邑孤之罪也敢不唯命是聽賓之南海若以臣妾賜諸侯亦唯命是聽若君不忘厲宣桓武（杜預曰周厲王宣王鄭之所自出也鄭武公桓公始封之賢君也）不絕其社稷使改

事君孤之願也非所敢望也敢布腹心楚羣臣曰王勿許莊王曰其君能下人必能信用其民庸可絶乎莊王自手旗左右麾軍引兵去三十里而舍遂許之平杜預曰退一舍而禮鄭潘尫入盟子良出質潘尫楚大夫子良鄭伯弟夏六月晉救鄭與楚戰大敗晉師河上遂至衡雍而歸二十年圍宋以殺楚使也索隱曰左傳宣十四年楚子使申舟聘于齊曰無假道于宋華元曰過我而不假道鄙我也鄙我亡也殺其使者必伐我伐我亦亡也亡一也乃殺之楚子聞之投袂而起九月圍宋是也圍宋五月城中食盡易子而食析骨而炊宋華元出告以情莊王曰君子哉遂罷兵去二十三年莊王卒子共王審立共王十六年晉伐鄭鄭告急共王救鄭與晉兵戰鄢陵晉敗楚射中共王目共王召將軍子反子反嗜酒從者豎陽穀進酒醉王怒射殺子反遂罷兵歸三十一年共王卒子康王招立康王立十五年卒子員立索隱曰員音云左傳作麇是爲郟敖康王寵弟公子圍徐廣曰史記多作回子比子晳棄疾郟敖三年以其季父康王弟公子圍爲令尹主兵事四年圍使鄭道聞王疾而還十二月己酉圍入問王疾絞而弑之荀卿曰以冠纓絞之左傳曰葬王于郟謂之郟敖遂殺其子莫及平夏使使赴於鄭伍舉問曰誰爲

後（服虔曰問來赴者）對曰寡大夫圍伍舉更曰共王之子圍爲長（杜預曰伍舉更赴辭重從禮告終稱嗣不以篡弑赴諸侯）子比奔晉而圍立是爲靈王靈王三年六月楚使使告晉欲會諸侯諸侯皆會楚于申伍舉曰昔夏啓有鈞臺之饗（杜預曰河南陽翟縣南有鈞臺陂）商湯有景亳之命周武王有盟津之誓成王有岐陽之蒐（賈逵曰岐山之陽）康王有豐宮之朝（服虔曰豐宮成王廟所在也杜預曰豐在始平鄠縣東有靈臺康王於是朝諸侯）穆王有塗山之會齊桓有召陵之師晉文有踐土之盟君其何用靈王曰用桓公（杜預曰用會召陵之禮也）時鄭子產在焉於是晉宋魯衛不往靈王已盟有驕色伍舉曰桀爲有仍之會有緡叛之（賈逵曰仍緡國名也）紂爲黎山之會東夷叛之（服虔曰黎東夷國名也子姓）幽王爲太室之盟戎翟叛之（杜預曰太室中嶽也）君其愼終七月楚以諸侯兵伐吳圍朱方八月克之囚慶封滅其族以封徇曰無效齊慶封弑其君而弱其孤以盟諸大夫（杜預曰齊崔杼弑其君慶封其黨故以弑君罪責之也）封反曰莫如楚共王庶子圍弑其君兄之子員而代之立（穀梁傳曰軍人粲然皆笑）於是靈王使棄疾殺之七年就章華臺（杜預曰南郡華容縣有臺在城內）下令內亡人實之八年使公子棄疾將兵滅陳十年召蔡侯醉而殺之使棄疾定

蔡因爲陳蔡公十一年伐徐以恐吳左傳曰使蕩侯等圍徐靈王次於乾谿以待之王曰齊晉魯衛其封皆受寶器我獨不今吾使使周求鼎以爲分其予我乎服虔曰有功德受分器析父對曰其予君王哉賈逵曰析父楚大夫○索隱曰據左氏此是右尹子革之詞史蓋誤也昔我先王熊繹辟在荆山華露藍蔞徐廣曰華一作畢駰案服虔曰華露柴車素大輅也藍蔞言衣敝壞其蔞藍藍然也以處草莽跋涉山林服虔曰草行曰跋水行曰涉以事天子唯是桃弧棘矢以共王事服虔曰桃弧棘矢所以禦其災言楚地山林無所出也齊王舅也服虔曰齊呂伋成王之舅晉及魯衛王母弟也楚是以無分而彼皆有周今與四國服事君王將唯命是從豈敢愛鼎靈王曰昔我皇祖伯父昆吾舊許是宅服虔曰陸終氏六子長曰昆吾少曰季連季連楚之祖故謂昆吾爲伯父也昆吾曾居許地故曰舊許是宅今鄭人貪其田不我予今我求之其予我乎對曰周不愛鼎鄭安敢愛田靈王曰昔諸侯遠我而畏晉今吾大城陳蔡不羹韋昭曰三國楚別都也潁川定陵有東不羹襄城有西不羹○正義曰括地志云不羹故城在許州襄城縣東三十里地理志云此西不羹者也賦皆千乘諸侯畏我乎對曰畏哉靈王喜曰析父善言古事焉正義曰左傳昭十二年析父謂子華曰吾子楚國之望也今與王言如響國其若之何杜預云譏其順王心如響應聲也按此對王言是子華之辭太史公云析父誤也析父時爲王僕見子華對故歎也十二年春楚靈王樂乾谿不能去也國人苦

役初靈王會兵於申僇越大夫常壽過索隱曰僇辱也殺蔡大夫觀起索隱曰觀音官觀姓起名起子從亡在吳索隱曰從音才松反乃勸吳王伐楚爲閒越大夫常壽過而作亂爲吳閒使矯公子棄疾命召公子比於晉至蔡與吳越兵欲襲蔡令公子比見棄疾與盟於鄧杜預曰潁川邵陵縣西有鄧城○正義曰括地志云故鄧城在豫州郾城縣東三十五里按在古召陵縣西十里是也遂入殺靈王太子祿立子比爲王公子子晳爲令尹棄疾爲司馬先除王宮觀從從師于乾谿令楚衆曰國有王矣先歸復爵邑田室後者遷之楚衆皆潰去靈王而歸靈王聞太子祿之死

也自投車下而曰人之愛子亦如是乎侍者曰甚是王曰余殺人之子多矣能無及此乎右尹曰左傳曰右尹子革請待於郊以聽國人服虔曰聽國人欲爲誰王曰衆怒不可犯曰且入大縣而乞師於諸侯王曰皆叛矣又曰且奔諸侯以聽大國之慮王曰大福不再祇取辱耳於是王乘舟將欲入鄢服虔曰鄢楚別都也杜預曰襄陽宜城縣○正義曰音偃括地志云故鄢城在襄州安養縣北三里在襄州北五里南去荊州二百五十里按王自夏口從漢水上入鄢也左傳云王沿夏將欲入鄢是也括地志云鄢水源出襄州義青縣西界託伏山水經云蠻水即鄢水是也右尹度王不用其計懼俱死亦去王亡靈王於是獨傍偟山中野人莫敢入王王行遇

其故鋗人（韋昭曰今之中涓）謂曰為我求食我已不食三日矣鋗人曰新王下法有敢饟王從王者罪及三族且又無所得食王因枕其股而卧鋗人又以土自代逃去王覺而弗見遂飢不能起芊尹申無宇之子申亥曰吾父再犯王命（服虔曰斷王旌執人於章華之宮）王弗誅恩孰大焉乃求王遇王飢於釐澤奉之以歸夏五月癸丑王死申亥家（正義曰左傳云夏五月癸亥王縊于芊尹申亥是也）申亥以二女從死并葬之是時楚國雖已立比為王畏靈王復來又不聞靈王死故觀從謂初王比曰不殺棄疾雖得國猶受禍王曰余不忍從曰人將忍王王不聽乃去棄疾歸國人每夜驚曰靈王入矣乙卯夜棄疾使船人從江上走呼曰靈王至矣國人愈驚又使曼成然告初王比及令尹子晳曰王至矣國人將殺君司馬將至矣（杜預曰司馬謂棄疾）君蚤自圖無取辱焉衆怒如水火不可救也初王及子晳遂自殺丙辰棄疾即位為王改名熊居是為平王平王以詐弒兩王而自立恐國人及諸侯叛之乃施惠百姓復陳蔡之地而立其後如故歸鄭之侵地存恤國中修政教吳以楚亂故獲五率以歸（服虔

曰五率蕩侯潘子司馬督囂尹午陵尹喜）平王謂觀從恣爾所欲欲為卜尹王許之（賈逵曰卜尹卜師大夫官）初共王有寵子五人無適立乃望祭羣神請神決之使主社稷而陰與巴姬（賈逵曰共王妾）埋璧於室內（正義曰左傳云埋璧於太室之庭杜預云太室祖廟也）召五子齋而入康王跨之（服虔曰兩足各跨璧一邊杜預曰過其上）靈王肘加之子比子皙皆遠之平王幼抱而入再拜壓紐故康王以長立至其子失之圍為靈王及身而弒子比為王十餘日子皙不得立又俱誅四子皆絕無後唯獨棄疾後立為平王竟續楚祀如其神符初子比自晉歸韓宣子問叔向曰子比其濟乎對曰不就宣子曰同惡相求如市賈焉（服虔曰謂國人共惡靈王者如市賈之人求利也）何為不就對曰無與同好誰與同惡（服虔曰言無黨於內當與誰共同好惡）取國有五難有寵無人一也（杜預曰寵須賢人而固）有人無主二也（杜預曰雖有賢人當須內主為應）有主無謀三也（杜預曰謀策謀也）有謀而無民四也（杜預曰民衆也）有民而無德五也（杜預曰四者既備當以德成之）子比在晉十三年矣晉楚之從不聞通者可謂無人矣（杜預曰晉楚之士從子比游皆非達人）族盡親叛可謂無主矣（杜預曰無親族在楚）無釁而動可謂無謀矣（服虔曰言靈王尚在而妄動取國故謂無謀）為羈終世可謂無民矣（杜預曰終身羈客在於晉是無民）亡

無愛徵可謂無德矣杜預曰楚人無愛念者王虐而不忌杜預曰靈王暴虐無所畏忌將自亡子比涉五難以弒君誰能濟之有楚國者其棄疾乎君陳蔡方城正義曰方城山在許州葉縣西十八里也外屬焉苛慝不作盜賊伏隱私欲不違服虔曰不以私欲違民心民無怨心先神命之國民信之羋姓有亂必季實立楚之常也子比之官則右尹也數其貴寵則庶子也以神所命則又遠之民無懷焉將何以立宣子曰齊桓晉文不亦是乎服虔曰皆庶子而出奔對曰齊桓衛姬之子也有寵於釐公有鮑叔牙賓須無隰朋以為輔有莒衛以為外主賈逵曰齊桓出奔莒自莒先入衛人助之有高國以為內主服虔曰國子高子皆齊之正卿

從善如流服虔曰言其疾施惠不倦有國不亦宜乎昔我文公狐季姬之子也有寵於獻公好學不倦生十七年有士五人有先大夫子餘子犯以為腹心賈逵曰子餘趙衰有魏犨賈佗以為股肱有齊宋秦楚以為外主賈逵曰齊以女妻之宋贈之馬楚享以九獻秦送內之有欒郤狐先以為內主賈逵曰四姓晉大夫○正義曰杜預云謂欒枝郤縠狐突先軫也亡十九年守志彌篤惠懷棄民服虔曰皆棄民不恤民從而與之正義曰以惠懷弃民故民相從而歸心於文公故文公有國不亦宜乎子比無施於民無援於外去晉晉不送歸楚楚不迎何

以有國子比果不終焉卒立者棄疾正義曰左傳云獲神一也有民二也令德三也寵貴四也居常五也有五利以去五難誰能害之杜預云獲神當璧拜也有民民信也令德無苛慝也寵貴妃子也居常棄疾季也如叔向言也平王二年使費無忌如秦服虔曰楚大夫○索隱曰傳作無極極忌聲相近爲太子建正義曰左傳云楚子之在蔡也郥陽之女奔之生太子建杜預云郥蔡邑也郥古闃反娶婦婦好來未至無忌先歸說平王曰秦女好可自娶爲太子更求平王聽之卒自娶秦女生熊珍更爲太子娶是時伍奢爲太子太傅無忌爲少傅無忌無寵於太子常讒惡太子建建時年十五矣其母蔡女也無寵於王王稍益疏外建也六年使太子建居城父守邊正義曰父音甫括地志云成父故城在許州葉縣東北四十五里即杜預云襄城城父縣也又汝州襄城縣東四十里亦有父城故城一所服虔云城父楚北境乃是父城之名非建所守杜預云言成父又誤也傳及酈元水經注云楚大城城父使太子建居之即十三州志云太子建所居城父謂今亳州城父縣也按今亳州見有城父縣是建所守者也地理志云潁川有父城縣沛郡有城父縣此二名別耳無忌又日夜讒太子建於王曰自無忌入秦女太子怨亦不能無望於王王少自備焉且太子居城父擅兵外交諸侯且欲入矣平王召其傅伍奢責之伍奢知無忌讒乃曰王奈何以小臣疏骨肉無忌曰今不制後悔也於是王遂囚伍奢而召其二子而告以免父死乃令司馬奮揚召太子建欲

誅之太子聞之亡奔宋無忌曰伍奢有二子不殺者爲楚國患盍以免其父召之必至於是王使使謂奢能致二子則生不能將死奢曰尚至胥不至王曰何也奢曰尚之爲人廉死節慈孝而仁聞召而免父必至不顧其死胥之爲人智而好謀勇而矜功知來必死必不來然爲楚國憂者必此子於是王使人召之曰來吾免爾父伍尚謂伍胥曰聞父免而莫奔不孝也父戮莫報無謀也度能任事智也子其行矣我其歸死伍尚遂歸伍胥彎弓屬矢出見使者曰父有罪何以召其子爲將射使者還走遂出奔吳伍奢聞之曰胥亡楚國危哉楚人遂殺伍奢及尚十年楚太子建母在居巢正義曰盧州巢縣是也開吳吳使公子光伐楚遂敗陳蔡取太子建母而去楚恐城郢正義曰在江陵縣東北六里已解於前按傳城郢在昭公二十三年下重言城郢杜預云楚用子囊遺言以築郢城矣今畏吳復脩以自固也初吳之邊邑卑梁正義曰卑梁邑近鍾離也與楚邊邑鍾離小童爭桑兩家交怒相攻滅卑梁人卑梁大夫怒發邑兵攻鍾離楚王聞之怒發國兵滅卑梁吳王聞之大怒亦發兵使公子光因建母家攻楚遂滅鍾離居巢楚乃恐而城郢

索隱曰去年巳城郢今又重言據左氏昭二十三年城郢二十四年無重城郢之文是史記誤也十三年，平王卒將軍子常曰太子珍少且其母乃前太子建所當娶也欲立令尹子西子西平王之庶弟也有義子西曰國有常法更立則亂言之則致誅乃立太子珍是為昭王昭王元年楚衆不說費無忌以其讒亡太子建殺伍奢子父與郤宛宛之宗姓伯氏子嚭及子胥皆奔吳吳兵數侵楚楚人怨無忌甚楚令尹子常正義曰名瓦左傳云囊瓦伐吳誅無忌以說衆衆乃喜四年吳三公子昭三十年二公子奔楚公子掩餘奔徐公子燭庸奔鍾離此言三公子非奔楚楚封之以扞吳五年

吳伐取楚之六潛正義曰故六城在壽州安豐縣南百三十二里偃姓皋陶之後所封也潛城楚之潛邑在霍山縣東二百步七年楚使子常伐吳吳大敗楚於豫章正義曰今洪州也十年冬吳王闔閭伍子胥伯嚭與唐蔡俱伐楚楚大敗吳兵遂入郢辱平王之墓以伍子胥故也吳兵之來楚使子常以兵迎之夾漢水陣吳伐敗子常子常亡奔鄭楚兵奔吳乘勝逐之五戰及郢己卯昭王出奔庚辰吳人入郢春秋云十一月庚辰昭王亡也至雲夢雲夢不知其王也射傷王王走鄖正義曰走音奏鄖音云括地志云安州安陸縣城本春秋時鄖國城鄖公之弟懷曰平王殺吾父服虔曰父曼成然○正義曰成

然立平王貪求無厭平王殺之今我殺其子不亦可乎鄖公止之然恐其弒昭王乃與王出奔隨正義曰括地志云隨州城外古隨國城隨姬姓也又云楚昭王城在隨州縣北七里左傳云吳師入郢王奔隨隨人處之公宮之北即此城是也吳王聞昭王往即進擊隨謂隨人曰周之子孫封於江漢之間者楚盡滅之欲殺昭王王從子綦乃深匿王自以為王謂隨人曰以我予吳隨人卜予吳不吉乃謝吳王曰昭王亡不在隨吳請入自索之隨不聽吳亦罷去昭王之出郢也使申包胥服虔曰楚大夫王孫包胥請救於秦秦以車五百乘救楚楚亦收餘散兵與秦擊吳十一年六月敗吳

於稷賈逵曰楚地也會吳王弟夫概見吳王兵傷敗乃亡歸自立為王闔閭聞之引兵去楚歸擊夫概夫概敗奔楚楚封之堂谿正義曰地理志云堂谿故城在豫州郾城縣西八十五里也號為堂谿氏楚昭王滅唐杜預曰義陽安昌縣東南上唐鄉○正義曰括地志云上唐鄉故城在隨州棗陽縣東南百五十里古之唐國也世本云唐姬姓之國九月歸入郢十二年吳復伐楚取番正義曰片寒反又音婆括地志云饒州鄱陽縣春秋時為楚東境秦為番縣屬九江郡漢為鄱陽縣也楚恐去郢北徙都鄀正義曰音若括地志云楚昭王故城在襄州樂鄉縣東北三十三里在故都城東五里即楚國故昭王徙都鄀城也十六年孔子相魯二十年楚滅頓地理志云曰汝南頓縣故頓子國○正義曰括地志云陳州南頓縣故頓子國應劭云古頓子國姬姓也逼於陳後南徙故曰南頓滅胡杜預曰汝南縣西北胡城

正義曰括地志云故胡城在豫州郾城縣界

二十一年吳王闔閭伐越越王句踐射傷吳王遂死吳由此怨越而不西伐

楚二十七年春吳伐陳楚昭王救之軍城父十月昭王病於軍中有赤雲如鳥夾日而蜚杜預曰雲在楚上唯楚見之昭王問周太史太史曰是害於楚王然可移於將相將相聞是言乃請自以身禱於神昭王曰將相孤之股肱也今移禍庸去是身乎弗聽卜而河為祟大夫請禱河昭王曰自吾先王受封望不過江漢服虔曰謂所受王命祀其國中山川為望○正義曰按江荊州南大江也漢江也二水楚境內也河黃河非楚境也而河非所獲罪也止不許孔

子在陳聞是言曰楚昭王通大道矣其不失國宜哉昭王病甚乃召諸公子大夫曰孤不佞再辱楚國之師今乃得以天壽終孤之幸也讓其弟公子申為王不可又讓次弟公子結亦不可乃又讓次弟公子閭五讓乃後許為王將戰庚寅昭王卒於軍中子閭曰王病甚舍其子讓羣臣臣所以許王以廣王意也今君王卒臣豈敢忘君王之意乎乃與子西子綦謀伏師閉塗徐廣曰一作壁○正義曰左傳云謀潛師閉塗按潛師密發往迎也閉塗防斷外寇也為昭王薨於軍嗣子未定恐有隣國及諸公子之變故伏師閉塗迎越女之子章立為惠王也迎越女之子章立之服虔曰閉塗不通外

使也越女昭王之妾○索隱曰閉塗即攢塗也故下立惠王後即罷兵歸葬服虔說非 是為惠王

然後罷兵歸葬昭王惠王二年子西召故平王太子建之子勝於吳以為巢大夫號曰白公〔徐廣曰伍子胥傳曰使勝守楚之邊邑鄢駰案服虔曰白邑名楚邑大夫皆稱公杜預曰汝陰褒信縣西南有白亭○正義曰巢今廬州居巢縣也括地志云白亭在豫州褒信東南三十二里褒信本漢鄳縣之地後漢分鄳置褒信縣在今褒信縣東七十七里〕白公好兵而下士欲報仇六年白公請兵令尹子西伐鄭初白公父建亡在鄭鄭殺之白公亡走吳子西復召之故以此怨鄭欲伐之子西許而未為發兵八年晉伐鄭鄭告急楚楚使子西救鄭受賂而去白公勝怒乃遂與勇力死士石乞等襲殺令尹子西子綦於朝因劫惠王置之高府〔賈逵曰高府府名也杜預曰楚別府〕欲弒之惠王從者屈固負王亡走昭王夫人宮〔服虔曰昭王夫人惠王母越女也〕白公自立為王月餘會葉公來救楚楚惠王之徒與共攻白公殺之惠王乃復位是歲也〔徐廣曰惠王之十年〕滅陳而縣之十三年吳王夫差彊陵齊晉來伐楚十六年越滅吳〔正義曰表云越滅吳在元王四年〕四十二年楚滅蔡〔正義曰周定王二十二年〕四十四年楚滅杞〔正義曰周定王二十四年〕與秦平是時越已滅吳而不能正江淮北〔正義曰正長也江淮北謂廣陵縣徐泗等州也〕楚東侵廣地至泗上五十七年惠王

卒子簡王中立正義曰中音仲反 簡王元年北伐滅莒正義曰括地志云密州莒縣故國也言北伐者莒在徐泗之北 八年魏文侯韓武子趙桓子始列爲諸侯二十四年簡王卒子聲王當立正義曰謚法云不生其國曰聲也 聲王六年盜殺聲王子悼王熊疑立悼王二年三晉來伐楚至乘丘而還徐廣曰年表三年歸榆關于鄭○正義曰年表云三晉公子伐我至乘丘誤也已解在年表中地理志云乘丘故城在兖州瑕丘縣西北三十五里是也 四年楚伐周鄭殺子陽九年伐韓取負黍十一年三晉伐楚敗我大梁榆關索隱曰此榆關當在大梁之西 楚厚賂秦與之平二十一年悼王卒子肅王臧立肅王四年蜀伐楚取茲方正義曰古今地名云荊州松滋縣古鳩茲地即茲方是也 於是楚爲扞關以距之李熊說公孫述曰東守巴郡距扞關之口○索隱曰郡國志曰巴郡魚復縣有扞關 十年魏取我魯陽地理志云南陽有魯陽縣○正義曰括地志云汝州魯山本漢魯陽縣也古魯縣以古魯山爲名也 十一年肅王卒無子立其弟熊良夫是爲宣王宣王六年周天子賀秦獻公秦始復彊而三晉益大魏惠王齊威王尤彊三十年秦封衛鞅於商南侵楚是年宣王卒子威王熊商立威王六年周顯王致文武胙於秦惠王七年齊孟嘗君父田嬰欺楚楚威王伐齊敗之於徐州徐廣曰時楚已滅越而伐齊也齊說越令攻楚故云齊欺楚 而令齊必逐田嬰田嬰恐張丑僞謂楚王

曰王所以戰勝於徐州者田盼子不用也索隱曰盼子嬰之同族盼子者有功於國而百姓爲之用嬰子弗善而用申紀申紀者大臣不附百姓不爲用故王勝之也今王逐嬰子嬰子逐盼子必用矣復摶其士卒以與王遇索隱曰摶音膞亦有作附讀戰國策作整必不便於王矣楚王因弗逐也十一年威王卒子懷王熊槐立魏聞楚喪伐楚取我陘山正義曰括地志云陘山在鄭州新鄭縣西南三十里懷王元年張儀始相秦惠王四年秦惠王初稱王六年楚使柱國昭陽將兵而攻魏破之於襄陵得八邑索隱曰襄陵縣名在河東古本作八邑今亦作八城又移兵而攻齊齊王患之徐廣曰懷王六年昭陽移和而攻齊軍門曰和陳軫適爲秦使齊齊王曰爲之奈何陳軫曰王勿憂請令罷之即往見昭陽軍中曰願聞楚國之法破軍殺將者何以貴之昭陽曰其官爲上柱國封上爵執珪陳軫曰其有貴於此者乎昭陽曰令尹陳軫曰今君已爲令尹矣此國冠之上索隱曰冠音貫令尹尹中最尊故以國爲言猶如卿子冠軍然臣請得譬之人有遺其舍人一卮酒者舍人相謂曰數人飲此不足以徧請遂畫地爲蛇蛇先成者獨飲之一人曰吾蛇先成舉酒而起曰吾能爲之足及其爲之足而後

成人奪之酒而飲之曰蛇固無足今爲之足是非蛇也今君相楚而攻魏破軍殺將功莫大焉冠之上不可以加矣（索隱曰冠音官）今又移兵而攻齊攻齊勝之官爵不加於此攻之不勝身死爵奪有毀於楚此爲蛇爲足之說也不若引兵而去以德齊此持滿之術也昭陽曰善引兵而去燕韓君初稱王秦使張儀與楚齊魏相會盟齧桑（正義曰徐廣云在梁與彭城之間）十一年蘇秦約從山東六國共攻秦楚懷王爲從長至函谷關秦出兵擊六國六國兵皆引而歸齊獨後十二年齊湣王伐敗趙魏軍秦亦伐敗韓與齊爭長十六年秦欲伐齊而楚與齊從親秦惠王患之乃宣言張儀免相使張儀南見楚王謂楚王曰敝邑之王所甚說者無先大王雖儀之所甚願爲門闌之廝者亦無先大王敝邑之王所甚憎者無先齊王雖儀之所甚憎者亦無先齊王而大王和之（索隱曰和謂楚與齊相和親）是以敝邑之王不得事王而令儀亦不得爲門闌之廝也王爲儀閉關而絕齊今使使者從儀西取故秦所分楚商於之地方六百里（商於之地在今順陽郡南鄉丹水二縣有商城在於中故謂之商於○索隱曰地理志丹水及商屬弘農今言順陽者是魏晉

始分置順陽郡商城丹水俱隷之如是則齊弱矣是北弱齊西德於秦私商於以爲富此一計而三利俱至也懷王大悅乃置相璽於張儀日與置酒宣言吾復得吾商於之地羣臣皆賀而陳軫獨弔懷王曰何故陳軫對曰秦之所爲重王者以王之有齊也今地未可得而齊交先絶是楚孤也夫秦又何重孤國哉必輕楚矣且先出地而後絶齊則秦計不爲先絶齊而後責地則必見欺於張儀見欺於張儀則王必怨之怨之是西起秦患北絶齊交西起秦患北絶齊交則兩國之兵必至索隱曰兩國謂韓魏臣故弔楚王弗聽因使一將軍西受封地張儀至秦詳醉墜車稱病不出三月地不可得楚王曰儀以吾絶齊爲尚薄邪乃使勇士宋遺北辱齊王齊王大怒折楚符而合於秦秦齊交合張儀乃起朝謂楚將軍曰子何不受地從某至某廣袤六里楚將軍曰臣之所以見命者六百里不聞六里即以歸報懷王懷王大怒興師將伐秦陳軫又曰伐秦非計也不如因賂之一名都與之伐齊是我亡於秦索隱曰謂失商於之地取償於齊也吾國尚可全今王已絶於齊而責欺於

秦是吾合秦齊之交而來天下之兵也國必大傷矣楚王不聽遂絕和於秦發兵西攻秦秦亦發兵擊之十七年春與秦戰丹陽（索隱曰此丹陽在漢中）秦大敗我軍斬甲士八萬虜我大將軍屈匄裨將軍逢侯丑等七十餘人遂取漢中之郡楚懷王大怒乃悉國兵復襲秦戰於藍田（正義曰藍田在雍州東南八十里從藍田關入藍田縣）大敗楚軍韓魏聞楚之困乃南襲楚至於鄧楚聞乃引兵歸十八年秦使使約復與楚親分漢中之半以和楚楚王曰願得張儀不願得地張儀聞之請之楚秦王曰楚且甘心於

子奈何張儀曰臣善其左右靳尚靳尚又能得事於楚王幸姬鄭袖袖所言無不從者且儀以前使負楚以商於之約今秦楚大戰有惡臣非面自謝楚不解且大王在楚不宜敢取儀誠殺儀以便國臣之願也儀遂使楚至懷王不見因而囚張儀欲殺之儀私於靳尚靳尚爲請懷王曰拘張儀秦王必怒天下見楚無秦必輕王矣又謂夫人鄭袖曰秦王甚愛張儀而王欲殺之今將以上庸之地六縣賂楚以美人聘楚王以宮中善歌者爲之媵楚王重地秦女必貴而夫

人必斥矣夫人不若言而出之鄭袖卒言張儀於王而出之儀出懷王因善遇儀儀因說楚王以叛從約而與秦合親約婚姻張儀已去屈原使從齊來諫王曰何不誅張儀懷王悔使人追儀弗及是歲秦惠王卒二十年齊湣王欲為從長索隱曰俗本或作二十六年按下文始言二十四年又更有二十六年則此云二十六年衍字也當是二十年事又徐廣推校二十年取武遂二十三年歸武遂則此二十年二十一年之事乎惡楚之與秦合乃使使遺楚王書曰寡人患楚之不察於尊名也今秦惠王死武王立張儀走魏樗里疾公孫衍用而楚事秦夫樗里疾善乎韓而公孫衍

善乎魏楚必事秦韓魏恐必因二人求合於秦則燕趙亦宜事秦四國爭事秦則楚為郡縣矣王何不與寡人并力收韓魏燕趙與為從而尊周室以案兵息民令於天下莫敢不樂聽則王名成矣王率諸侯並伐破秦必矣王取武關蜀漢之地正義曰武關在商州東一百八十里商洛縣界蜀巴蜀漢中郡也私吳越之富而擅江海之利韓魏割上黨西薄函谷則楚之彊百萬也且王欺於張儀亡地漢中兵銼藍田天下莫不代王懷怒今乃欲先事秦願大王孰計之楚王業已欲和於秦見齊王書猶豫不

決下其議羣臣羣臣或言和秦或曰聽齊昭雎曰索隱曰雎音七余反王雖東取地於越不足以刷恥必且取地於秦而後足以刷恥於諸侯王不如深善齊韓以重樗里疾如是則王得韓齊之重以求地矣秦破韓宜陽索隱曰弘農之縣在澠池西南而韓猶復事秦者以先王墓在平陽索隱曰非堯都也而秦之武遂去之七十里索隱曰亦非河間國之縣則韓之平陽秦之武遂並當在宜陽左右以故尤畏秦不然秦攻三川正義曰洛州也趙攻上黨楚攻河外韓必亡楚之救韓不能使韓不亡然存韓者楚也韓已得武遂於秦以河山爲塞正義曰河蒲河西黄河也山韓西境也

所報德莫如楚厚臣以爲其事王必疾齊之所信於韓者以韓公子眛正義曰莫葛反後同爲齊相也韓已得武遂於秦王甚善之使之以齊韓重樗里疾疾得齊韓之重其主弗敢棄疾也今又益之以楚之重樗里子必言秦復與楚之侵地矣於是懷王許之竟不合秦而合齊以善韓徐廣曰懷王之二十二年秦拔宜陽取武遂二十三年秦復歸韓武遂然則已非二十年事矣二十四年倍齊而合秦秦昭王初立乃厚賂於楚楚往迎婦二十五年懷王入與秦昭王盟約於黄棘秦復與楚上庸二十六年齊韓魏爲楚負其從親而合

於秦三國共伐楚楚使太子入質於秦而請救秦乃遣客卿通將兵救楚三國引兵去二十七年秦大夫有私與楚太子鬬楚太子殺之而亡歸二十八年秦乃與齊韓魏共攻楚殺楚將唐眛取我重丘而去二十九年秦復攻楚大破楚楚軍死者二萬殺我將軍景缺懷王恐乃使太子爲質於齊以求平三十年秦復伐楚取八城秦昭王遺楚王書曰始寡人與王約爲弟兄盟于黄棘太子爲質至驩也太子陵殺寡人之重臣不謝而亡去寡人誠不勝怒使兵侵君王之

邊今聞君王乃令太子質於齊以求平寡人與楚接境壤界故爲婚姻正義曰妻父曰十年父曰姻重姻曰王兩壻相謂曰婭所從相親久矣而今秦楚不驩則無以令諸侯寡人願與君王會武關面相約結盟而去寡人之願也敢以聞下執事楚懷王見秦王書患之欲往恐見欺無往恐秦怒昭雎曰王毋行而發兵自守耳秦虎狼不可信有并諸侯之心懷王子子蘭勸王行曰奈何絶秦之驩心於是往會秦昭王昭王詐令一將軍伏兵武關號爲秦王楚王至則閉武關遂與西至咸陽索隱曰右扶風渭城縣故咸陽

城也朝章臺如蕃臣不與亢禮楚懷王大怒悔不用昭子言秦因留楚王要以割巫黔中之郡楚王欲盟秦欲先得地楚王怒曰秦詐我而又彊要我以地不復許秦秦因留之楚大臣患之乃相與謀曰吾王在秦不得還要以割地而太子爲質於齊齊秦合謀則楚無國矣乃欲立懷王子在國者昭睢曰王與太子俱困於諸侯而今又倍王命而立其庶子不宜乃詐赴於齊齊湣王謂其相曰不若留太子以求楚之淮北相曰不可郢中立王是吾抱空質而行不義於天下

也或曰不然郢中立王因與其新王市曰予我下東國吾爲王殺太子不然將與三國共立之然則東國必可得矣齊王卒用其相計而歸楚太子太子横至立爲王是爲頃襄王乃告于秦曰賴社稷神靈國有王矣頃襄王横元年秦要懷王不可得地楚立王以應秦秦昭王怒發兵出武關攻楚大敗楚軍斬首五萬取析十五城而去徐廣曰年表云取十六城既取析又并取左右十五城也駰案地理志弘農有析縣○正義曰括地志云鄧州內鄉縣城本楚析邑一名丑漢置析縣因析水爲名也二年楚懷王亡逃歸秦覺之遮楚道懷王恐乃從閒道走趙以求歸趙

主父在代（索隱曰主字亦作王）其子惠王初立行王事恐不敢入楚王楚王欲走魏秦追至遂與秦使復之秦懷王遂發病頃襄王三年懷王卒于秦秦歸其喪於楚楚人皆憐之如悲親戚諸侯由是不直秦秦楚絕六年秦使白起伐韓於伊闕（正義曰括地志伊闕山在洛州南十九里也）大勝斬首二十四萬秦乃遺楚王書曰楚倍秦秦且率諸侯伐楚爭一旦之命願王之飭士卒得一樂戰楚頃襄王患之乃謀復與秦平七年楚迎婦於秦秦楚復平十一年齊秦各自稱為帝月餘復歸帝為王十四年楚頃

襄王與秦昭王好會于宛結和親十五年楚王與秦三晉燕共伐齊取淮北十六年與秦昭王好會於鄢其秋復與秦王會穰十八年楚人有好以弱弓微繳加歸鴈之上者頃襄王聞召而問之對曰小臣之好射鶀鴈羅鸗（徐廣曰呂靜曰鸗野鳥也○索隱曰鶀音其小鴈也鄒誕龍鳥音盧動反劉氏音龍是小鳥名）小矢之發也何足為大王道也且稱楚之大因大王之賢所弋非直此也昔者三王以弋道德五霸以弋戰國故秦魏燕趙者鶀鴈也齊魯韓衛者青首也（索隱曰小鳧有青首者）鄒費郯邳者羅鸗也（索隱曰鄒費音祕）外其餘則不

足射者見鳥六雙以王何取索隱曰以喻下文秦趙等十二國故云六雙王何不以聖人爲弓以勇士爲繳時張而射之此六雙者可得而囊載也其樂非特朝夕之樂也索隱曰夕猶昔也其獲非特鳬鴈之實也王朝張弓而射魏之大梁之南加其右臂而徑屬之於韓則中國之路絶而上蔡之郡壞矣還射圉之東索隱曰還音患遶也射音石○正義曰圉音語城在汴州雍丘縣東言王朝張弓射魏大梁汴州之南即加大梁之右臂連韓鄭則河北中國之路向東南斷絶則韓上蔡之郡自破壞矣復遶射雍丘圉城之東使解散魏左肘宋州而外擊曹定陶及魏東之外解棄則宋方與兩郡並舉解魏左肘索隱曰解音紀買反而外擊定陶則魏之東外棄而大宋方與二郡者舉矣且

魏斷二臂顛越矣膺擊郯國大梁可得而有也王綪繳蘭臺徐廣曰綪縈也音爭蘭一作簡○正義曰鄭玄云綪屈也江沔之間謂之縈收繩索綪也按繳絲繩繫弋射鳥也若膺擊郯國大梁已了乃收弋繳於蘭臺蘭臺桓山之别名也飲馬西河定魏大梁此一發之樂也若王之於弋誠好而不厭則出寶弓碆新繳徐廣曰以石傅弋繳曰碆碆音波○索隱曰碆作磻音播傳音附射噣鳥於東海還蓋長城以爲防徐廣曰噣一作獨還音宦蓋一作益益縣在樂安蓋縣在泰山濟北盧縣有長城東至海也○索隱曰噣音晝謂大鳥之有鉤喙者以比齊也還音患謂遶也蓋者覆也言射者環遶蓋覆使無飛走之路因以長城爲防也徐以蓋爲益縣非也地理志云長城在濟南也○正義曰太山郡記云太山西北有長城緣河經太山千餘里至琅邪臺入海齊記云齊宣王乘山嶺之上築長城東至海西至濟州千餘里以備楚括地志云長城西北起濟州平陰縣緣河歷太山北岡上經濟州淄州即西南兖州博城縣北東至密州瑯

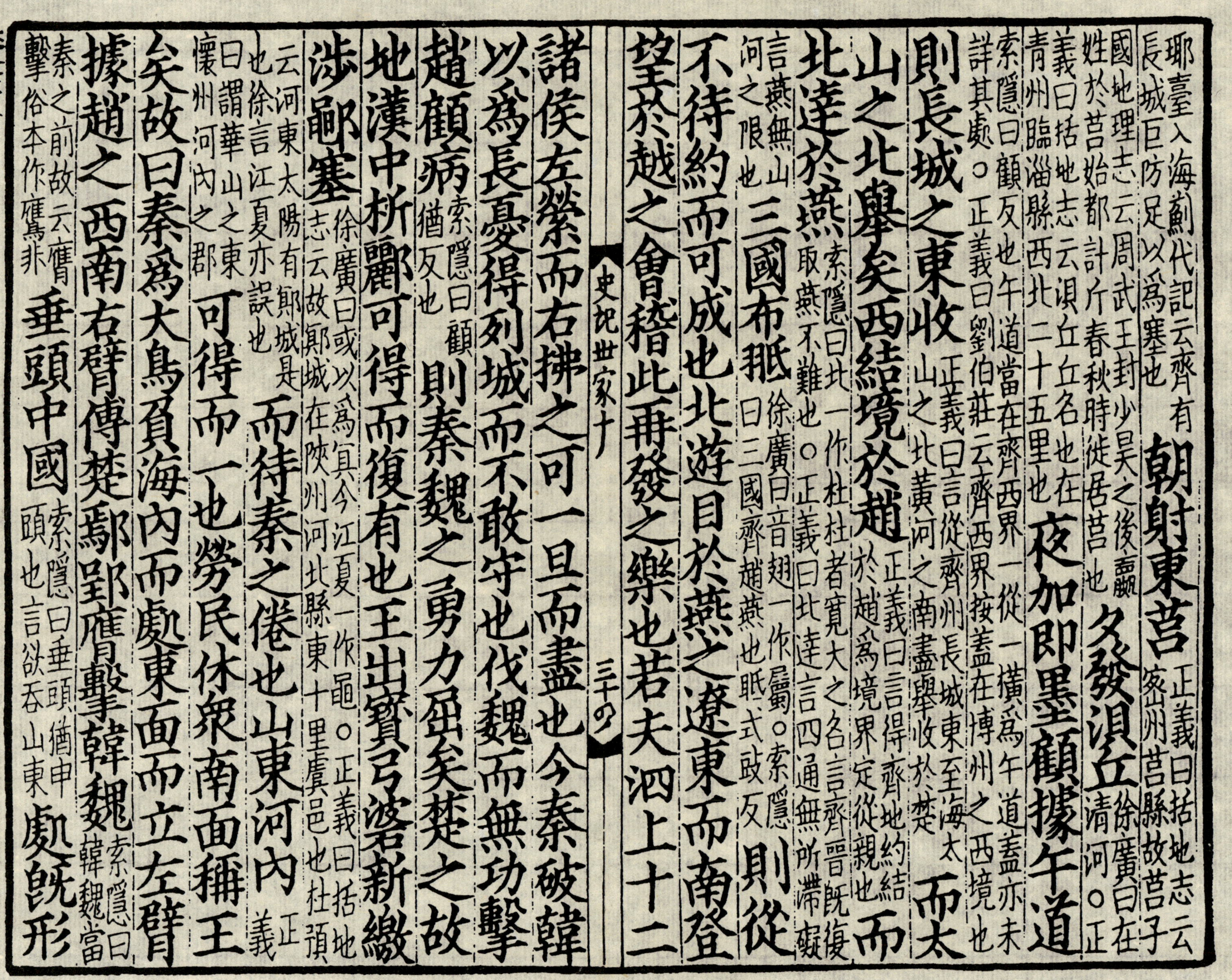

瑯臺入海薊代記云齊有長城巨防足以爲塞也朝射東莒正義曰括地志云密州莒縣故莒子
國地理志云周武王封少昊之後嬴姓於莒始都計斤春秋時徙居莒也夕發浿丘徐廣曰在清河○正
義曰括地志云浿丘丘名也在青州臨淄縣西北二十五里也夜加即墨顧據午道
索隱曰顧反也午道當在齊西界一從一橫爲午道蓋亦未詳其處○正義曰劉伯莊云齊西界按蓋在博州之西境也
則長城之東收正義曰言從齊州長城東至海太山之北黃河之南盡舉收於楚而太
山之北舉矣西結境於趙正義曰言得齊地約結於趙爲境界定從親也而
北達於燕索隱曰北一作杜杜者寬大之名言齊晉既復取燕不難也○正義曰北達言四通無所滯礙
言燕無山河之限也三國布翄徐廣曰音翅一作蜀○索隱曰三國齊趙燕也翄式豉反則從
不待約而可成也北遊目於燕之遼東而南登
望於越之會稽此再發之樂也若夫泗上十二

諸侯左縈而右拂之可一旦而盡也今秦破韓
以爲長憂得列城而不敢守也伐魏而無功擊
趙顧病索隱曰顧猶反也則秦魏之勇力屈矣楚之故
地漢中析酈可得而復有也王出寶弓碆新繳
涉鄳塞徐廣曰或以爲宜其今江夏一作黽○正義曰括地志云故鄳城在陝州河北縣東十里虞邑也杜預
云河東太陽有鄍城是也徐言江夏亦誤也而待秦之倦也山東河內正義
曰謂華山之東懷州河內之郡可得而一也勞民休衆南面稱王
矣故曰秦爲大鳥負海內而處東面而立左臂
據趙之西南右臂傅楚鄢郢膺擊韓魏索隱曰韓魏當
秦之前故云膺擊俗本作膺鷹非垂頭中國索隱曰垂頭猶申頭也言欲吞山東處既形

便勢有地利奮翼鼓翅方三千里則秦未可得獨招而夜射也欲以激怒襄王故對以此言襄王因召與語遂言曰夫先王爲秦所欺而客死於外怨莫大焉今以匹夫有怨尚有報萬乘白公子胥是也今楚之地方五千里帶甲百萬猶足以踊躍中野也而坐受困臣竊爲大王弗取也於是頃襄王遣使於諸侯復爲從欲以伐秦秦聞之發兵來伐楚楚欲與齊韓連和伐秦因欲圖周周王赧使武公徐廣曰定王之曾孫西周惠公之子謂楚相昭子曰三國以兵割周郊地以便輸而南器以

尊楚臣以爲不然夫弑共主臣世君索隱曰共主世君俱是周自謂也共主言周爲天下共所宗主也世君言周室代代君於天下大國不親以衆脅寡小國不附大國不親小國不附不可以致名實名實不得不足以傷民夫有圖周之聲非所以爲號也昭子曰乃圖周則無之雖然周何故不可圖也對曰軍不五不攻城不十不圍夫一周爲二十晉正義曰言周王之國其地雖小諸侯尊之故敵二十晉公之所知也韓嘗以二十萬之衆辱於晉之城下銳士死中士傷而晉不拔公之無百韓以圖周此天下之所知也夫怨結於兩周以塞鄒魯之心索隱曰鄒魯有礼義

之國今楚欲結怨兩周而奪九鼎是塞騶魯之心交絶於齊正義曰楚本與齊韓和伐秦因欲圖周齊不與圖周故齊交絶於楚也聲失天下其爲事危矣夫危兩周以厚三川正義曰三川兩周之地韓多有之言厚韓也方城之外正義曰方城之外許州葉縣東北也言楚取兩周則韓強必弱楚方城之外也必爲韓弱矣何以知其然也西周之地絶長補短不過百里名爲天下共主裂其地不足以肥國得其衆不足以勁兵雖無攻之名爲弑君然而好事之君喜攻之臣發號用兵未嘗不以周爲終始是何也見祭器在焉欲器之至而忘弑君之亂今韓以器之在楚臣恐天下以器讎楚也臣請譬之夫虎肉臊其兵利身索隱曰謂虎以爪牙爲兵而自利於防身也人猶攻之也若使澤中之麋蒙虎之皮人之攻之必萬之於虎索隱曰攻易而利大也○正義曰野澤之麋蒙衣虎皮人之攻取必萬倍於虎也譬楚伐周收祭器其猶麋蒙虎皮矣裂楚之地足以肥國詘楚之名足以尊主今子將以欲誅殘天下之共主居三代之傳器索隱曰謂九鼎也吞三翮六翼以高世主索隱曰翮亦作鬲同音歷三翮六翼亦謂九鼎也空足曰翮六翼即六耳翼近耳旁事具小爾雅非貪而何周書曰欲起無先故器南則兵至矣於是楚計輟不行十九年秦伐楚楚軍敗割上庸漢北地予秦正義曰謂割房金均三州及漢水之北與秦二十年秦將白起拔我西陵○正義曰徐廣曰屬江夏括地

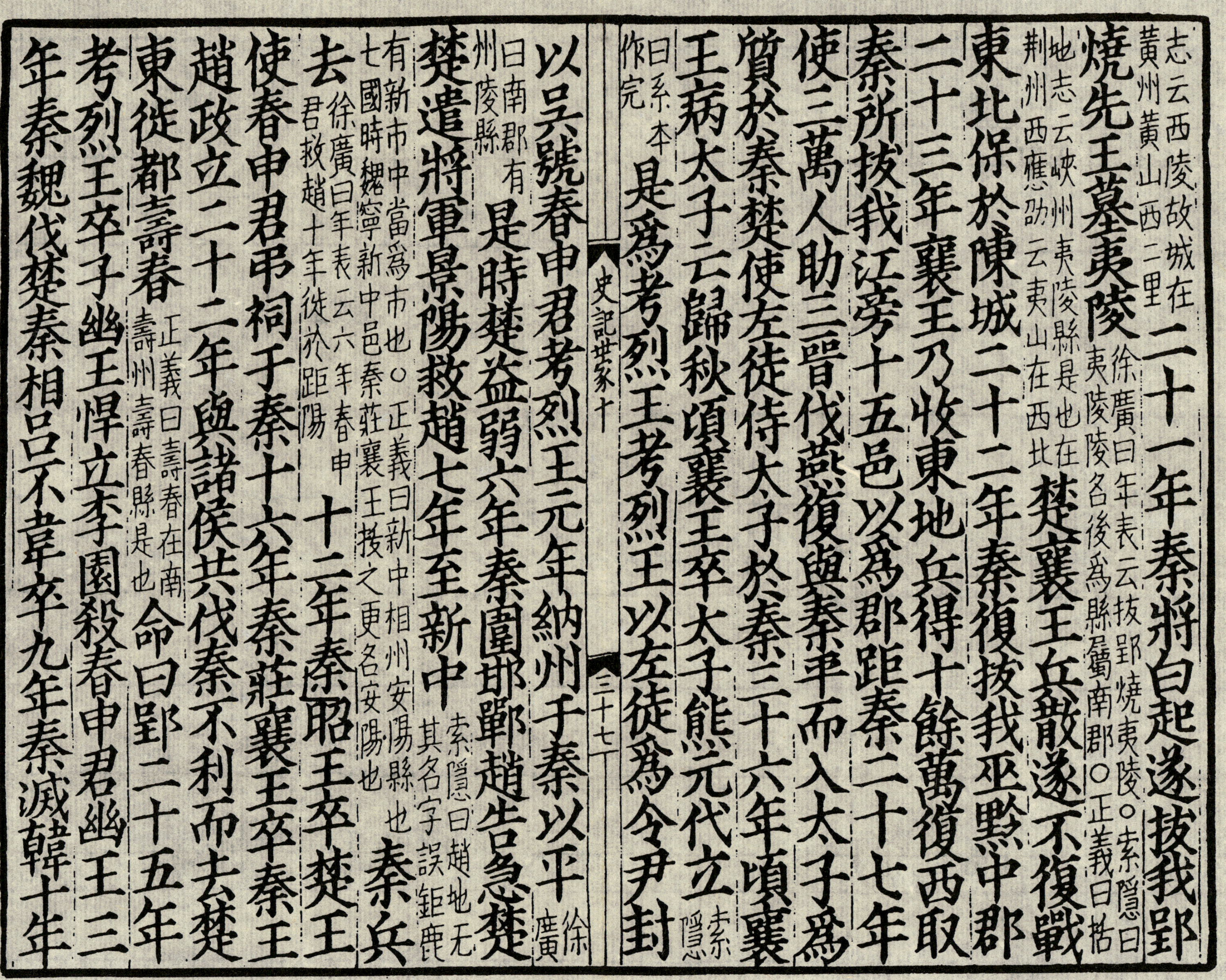
志云西陵故城在黃州黃山西二里二十一年秦將白起遂拔我郢燒先王墓夷陵徐廣曰年表云拔郢燒夷陵○索隱曰夷陵陵名後爲縣屬南郡○正義曰括地志云峽州夷陵縣是也在荆州西應劭云夷山在西北楚襄王兵散遂不復戰東北保於陳城二十二年秦復拔我巫黔中郡二十三年襄王乃收東地兵得十餘萬復西取秦所拔我江旁十五邑以爲郡距秦二十七年使三萬人助三晉伐燕復與秦平而入太子爲質於秦楚使左徒侍太子於秦三十六年頃襄王病太子亡歸秋頃襄王卒太子熊元代立索隱曰系本作完是爲考烈王考烈王以左徒爲令尹封

以吳號春申君考烈王元年納州于秦以平徐廣曰南郡有州陵縣是時楚益弱六年秦圍邯鄲趙告急楚楚遣將軍景陽救趙七年至新中索隱曰趙地无其名字誤鉅鹿有新市中當爲市也○正義曰新中相州安陽縣也七國時魏寧新中邑秦莊襄王拔之更名安陽也秦兵去徐廣曰年表云六年春申君救趙十年徙於鉅陽十二年秦昭王卒楚王使春申君弔祠于秦十六年秦莊襄王卒秦王趙政立二十二年與諸侯共伐秦不利而去楚東徙都壽春正義曰壽春在南壽州壽春縣是也命曰郢二十五年考烈王卒子幽王悍立李園殺春申君幽王三年秦魏伐楚秦相呂不韋卒九年秦滅韓十年

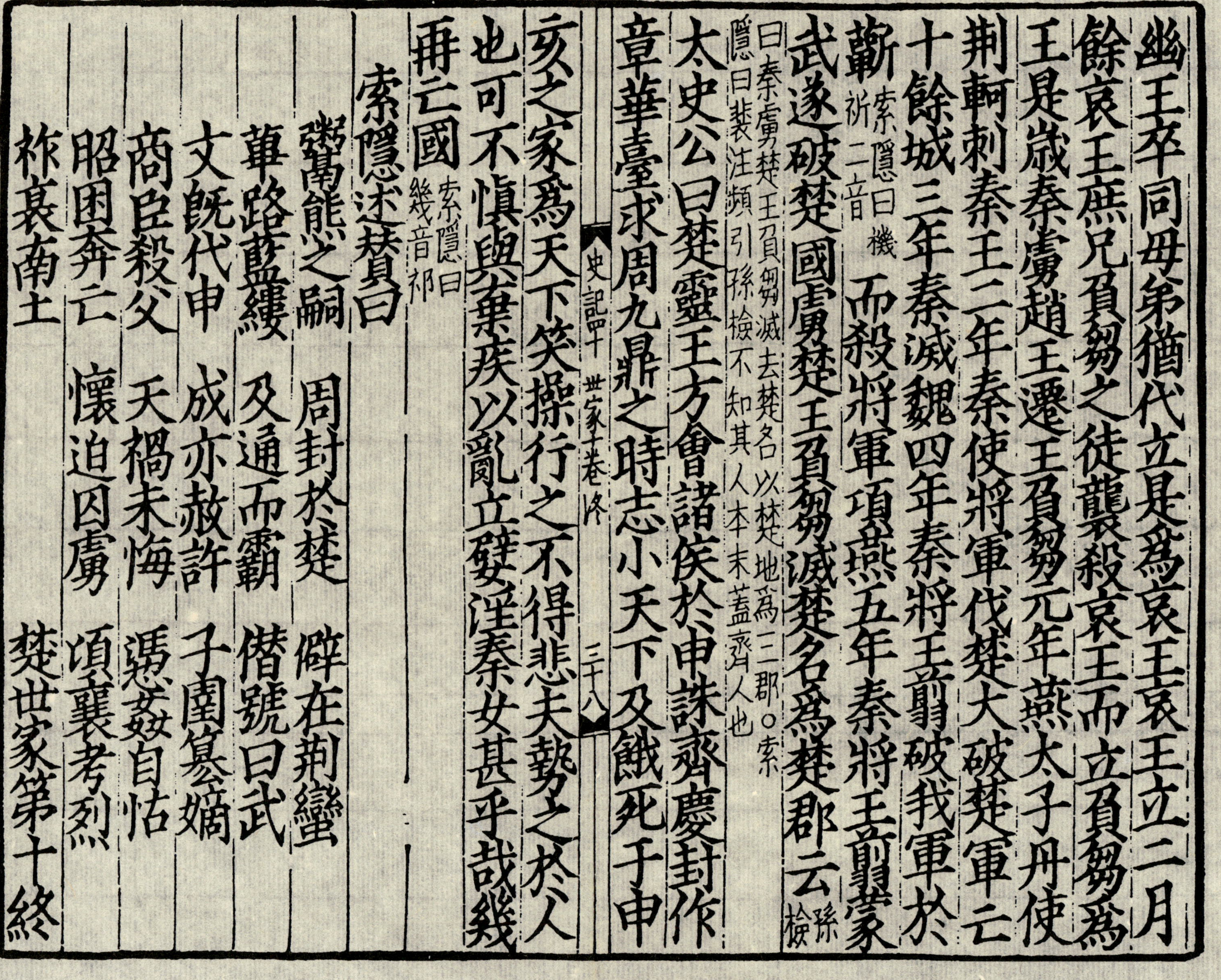

幽王卒同母弟猶代立是爲哀王哀王立二月餘哀王庶兄負芻之徒襲殺哀王而立負芻爲王是歲秦虜趙王遷王負芻元年燕太子丹使荊軻刺秦王二年秦使將軍伐楚大破楚軍亡十餘城三年秦滅魏四年秦將王翦破我軍於蘄（索隱曰機祈二音）而殺將軍項燕五年秦將王翦蒙武遂破楚國虜楚王負芻滅楚名爲楚郡云（孫檢曰秦虜楚王負芻滅去楚名以楚地爲三郡○索隱曰裴注頻引孫檢不知其人本末蓋齊人也）

太史公曰楚靈王方會諸侯於申誅齊慶封作章華臺求周九鼎之時志小天下及餓死于申

史記四十　世家十卷終　三十八

亥之家爲天下笑操行之不得悲夫勢之於人也可不慎與棄疾以亂立嬖淫秦女甚乎哉幾再亡國（索隱曰幾音祈）

索隱述贊曰

鬻熊之嗣　周封於楚　僻在荊蠻
篳路藍縷　及通而霸　僭號曰武
文既代申　成亦赦許　子圍篡嫡
商臣殺父　天禍未悔　憑奸自怙
昭困奔亡　懷迫囚虜　頃襄考烈
祚衰南土

楚世家第十終

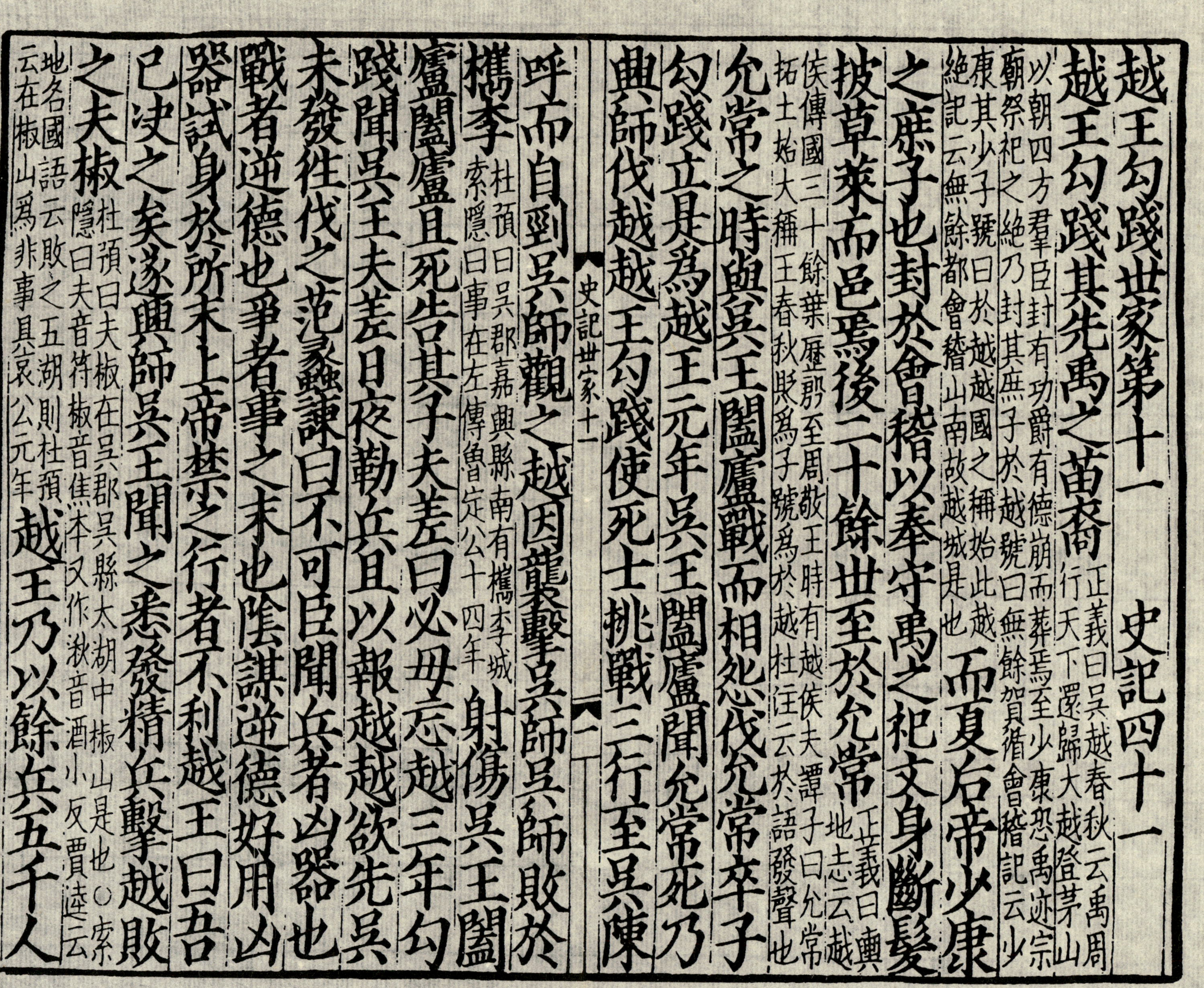

越王勾踐世家第十一　史記四十一

越王勾踐其先禹之苗裔（正義曰吳越春秋云禹周行天下還歸大越登茅山以朝四方羣臣封有功爵有德崩而葬焉至少康恐禹迹宗廟祭祀之絶乃封其庶子於越號曰無餘賀循會稽記云少康其少子號曰於越越國之稱始此越絶記云無餘都會稽山南故越城是也）而夏后帝少康之庶子也封於會稽以奉守禹之祀文身斷髮披草萊而邑焉後二十餘世至於允常（正義曰輿地志云越侯傳國三十餘葉歷殷至周敬王時有越侯夫譚子曰允常拓土始大稱王春秋貶爲子號爲於越杜注云於語發聲也）允常之時與吳王闔廬戰而相怨伐允常卒子勾踐立是爲越王元年吳王闔廬聞允常死乃興師伐越越王勾踐使死士挑戰三行至吳陳呼而自剄吳師觀之越因襲擊吳師吳師敗於檇李（杜預曰吳郡嘉興縣南有檇李城　索隱曰事在左傳魯定公十四年）射傷吳王闔廬闔廬且死告其子夫差曰必毋忘越三年勾踐聞吳王夫差日夜勒兵且以報越越欲先吳未發往伐之范蠡諫曰不可臣聞兵者凶器也戰者逆德也爭者事之末也陰謀逆德好用凶器試身於所末上帝禁之行者不利越王曰吾已決之矣遂興師吳王聞之悉發精兵擊越敗之夫椒（杜預曰夫椒在吳郡吳縣太湖中椒山是也　索隱曰夫音符椒音焦本又作湫音酒小反賈逵云地名國語云敗之五湖則杜預云在椒山爲非事具哀公元年）越王乃以餘兵五千人

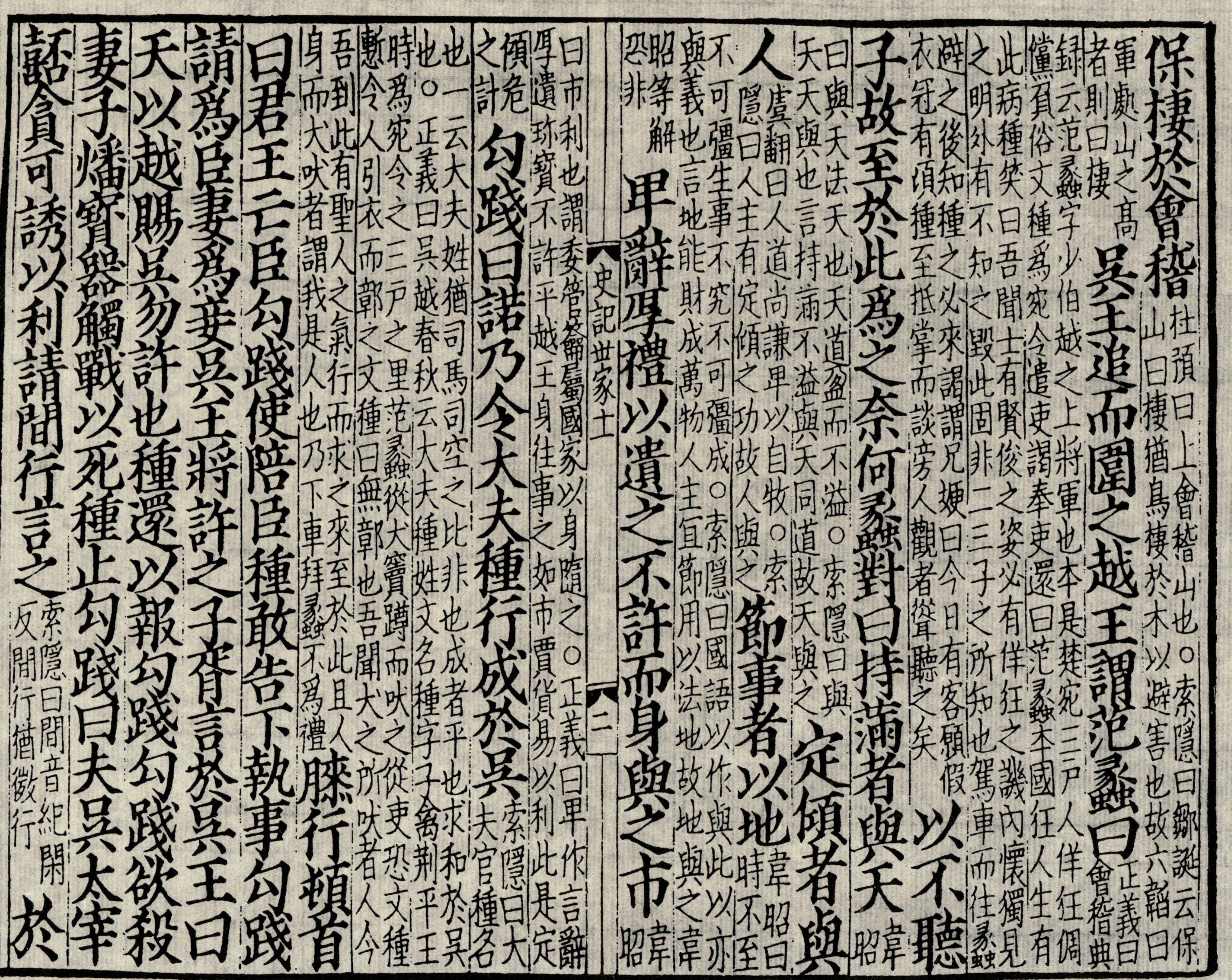

保棲於會稽杜預曰上會稽山也○索隱曰鄒誕云保山曰棲猶鳥棲於木以避害也故六韜曰軍處山之高者則曰棲吳王追而圍之越王謂范蠡曰正義曰會稽典錄云范蠡字少伯越之上將軍也本是楚宛三戶人佯狂倜儻負俗文種爲宛令遣吏謁奉吏還曰范蠡本國狂人生有此病種笑曰吾聞士有賢俊之姿必有佯狂之譏內懷獨見之明外有不知之毀此固非二三子之所知也駕車而往蠡避之後知種之必來謂兄嫂曰今日有客願假衣冠有頃種至抵掌而談旁人觀者聳聽之矣以不聽子故至於此爲之奈何蠡對曰持滿者與天韋昭曰與天法天也天道盈而不溢○索隱曰與天天與也言持滿不溢與天同道故天與之定傾者與人虞翻曰人道尚謙卑以自牧○索隱曰人主有定傾之功故人與之節事者以地韋昭曰時不至不可彊生事不究不可彊成○索隱曰國語以作與此以亦與義也言地能財成萬物人主宜節用以法地故地與之韋昭等解恐非卑辭厚禮以遺之不許而身與之市韋昭曰市利也謂委管籥屬國家以身隨之○正義曰卑作言辭厚遺珍寶不許乎越王身往事之如市賈貿易以利此是定傾危之計句踐曰諾乃令大夫種行成於吳索隱曰大夫官種名也一云大夫姓猶司馬司空之比非也成者平也求和於吳也○正義曰吳越春秋云大夫種姓文名種字子禽荊平王時爲宛令之三戶之里范蠡從犬竇蹲而吠之從吏恐文種慚令人引衣而鄣之文種曰無鄣也吾聞犬之所吠者人今吾到此有聖人之氣行而求之來至於此且人身而犬吠者謂我是人也乃下車拜蠡不爲禮膝行頓首曰君王亡臣句踐使陪臣種敢告下執事句踐請爲臣妻爲妾吳王將許之子胥言於吳王曰天以越賜吳勿許也種還以報句踐句踐欲殺妻子燔寶器觸戰以死種止句踐曰夫吳太宰嚭貪可誘以利請間行言之索隱曰間音紀閑反間行猶微行於

是勾踐乃以美女寶器令種閒獻吳太宰嚭[索隱
曰國語云越飾美女二人使大夫種遺太宰嚭]嚭受乃見大夫種於吳王種
頓首言曰願大王赦勾踐之罪盡入其寶器不
幸不赦勾踐將盡殺其妻子燔其寶器悉五千人
觸戰必有當也[索隱曰言悉五千人觸戰或有能當吳兵者故國語作耦耦亦相當對之名又
下云無乃傷君王之所愛乎是有當則傷也]嚭因說吳王曰越以服爲臣
若將赦之此國之利也吳王將許之子胥進諫
曰今不滅越後必悔之勾踐賢君種蠡良臣若
反國將爲亂吳王弗聽卒赦越罷兵而歸勾踐
之困會稽也喟然嘆曰吾終於此乎種曰湯繫

夏臺文王囚羑里晉重耳犇翟齊小白犇莒其
卒王霸由是觀之何遽不爲福乎吳既赦越越
王勾踐反國乃苦身焦思置膽於坐坐臥即仰
膽飲食亦嘗膽也曰女忘會稽之恥邪身自耕
作夫人自織食不加肉衣不重采折節下賢人
厚遇賓客振貧弔死[徐廣曰弔一作葬]與百姓同其勞欲
使范蠡治國政蠡對曰兵甲之事種不如蠡鎮
撫國家親附百姓蠡不如種於是舉國政屬大
夫種而使范蠡與大夫柘稽行成爲質於吳[索隱
曰越大夫也國語作諸稽郢]二歲而吳歸蠡勾踐自會稽歸七

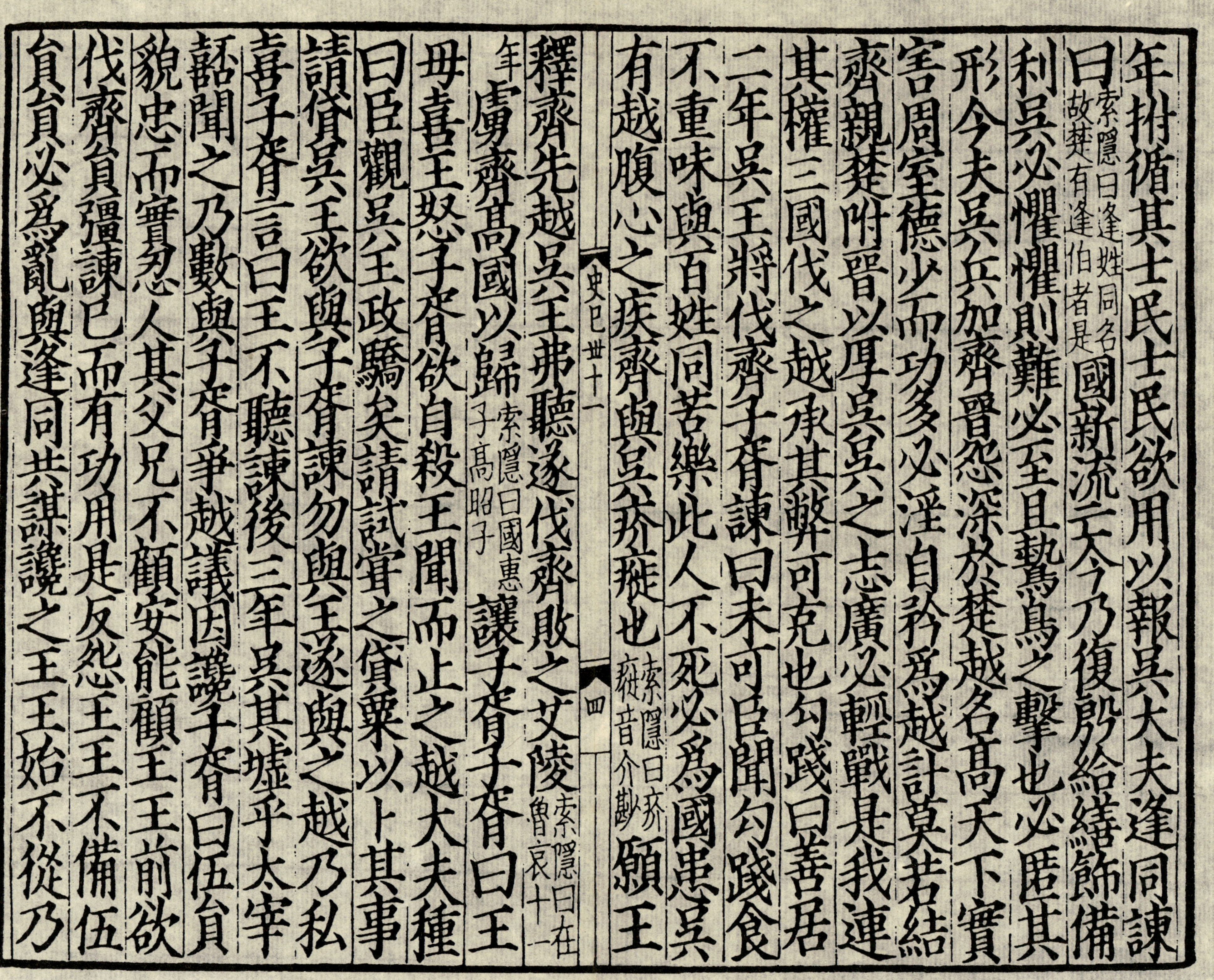

年拊循其士民士民欲用以報吳大夫逢同諫曰索隱曰逢姓同名故楚有逢伯者是國新流亡今乃復殷給繕飾備利吳必懼懼則難必至且鷙鳥之擊也必匿其形今夫吳兵加齊晉怨深於楚越名高天下實害周室德少而功多必淫自矜爲越計莫若結齊親楚附晉以厚吳吳之志廣必輕戰是我連其權三國伐之越承其弊可克也句踐曰善居二年吳王將伐齊子胥諫曰未可臣聞句踐食不重味與百姓同苦樂此人不死必爲國患吳有越腹心之疾齊與吳疥瘲也索隱曰疥瘲音介尠願王

釋齊先越吳王弗聽遂伐齊敗之艾陵索隱曰在魯哀十一年虜齊高國以歸索隱曰國惠子高昭子讓子胥子胥曰王毋喜王怒子胥欲自殺王聞而止之越大夫種曰臣觀吳王政驕矣請試嘗之貸粟以卜其事請貸吳王欲與子胥諫勿與王遂與之越乃私喜子胥言曰王不聽諫後三年吳其墟乎太宰嚭聞之乃數與子胥爭越議因讒子胥曰伍員貌忠而實忍人其父兄不顧安能顧王王前欲伐齊員彊諫已而有功用是反怨王王不備伍員員必爲亂與逢同共謀讒之王王始不從乃

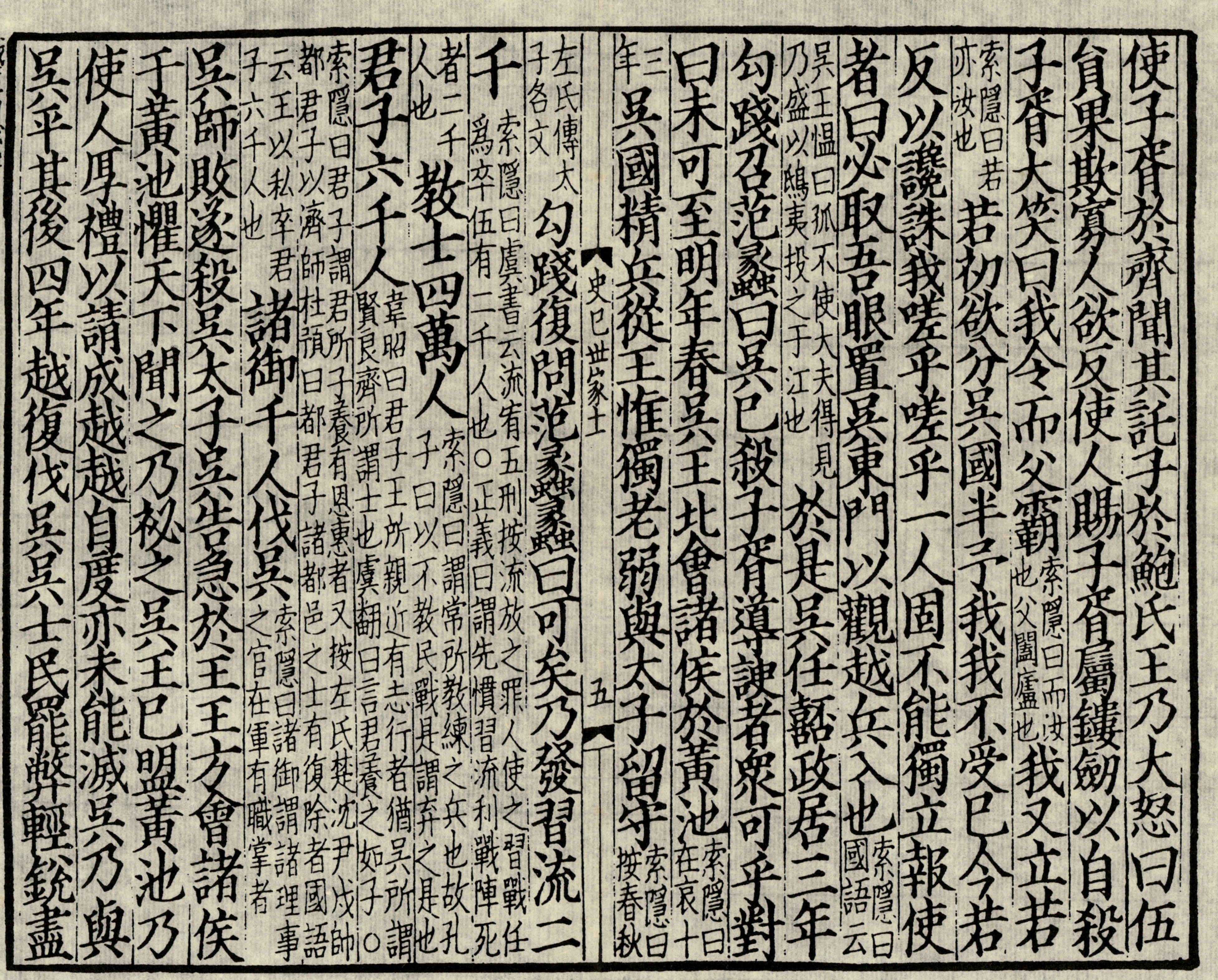

使子胥於齊聞其託子於鮑氏王乃大怒曰伍員果欺寡人欲反使人賜子胥屬鏤劒以自殺子胥大笑曰我令而父霸（索隱曰而汝也父闔廬也）我又立若（索隱曰若亦汝也）若初欲分吳國半予我我不受已今若反以讒誅我嗟乎嗟乎一人固不能獨立報使者曰必取吾眼置吳東門以觀越兵入也（索隱曰國語云吳王慍曰孤不使大夫得見乃盛以鴟夷投之于江也）於是吳任嚭政居三年勾踐召范蠡曰吳已殺子胥導諛者衆可乎對曰未可至明年春吳王北會諸侯於黃池（索隱曰在哀十三年）吳國精兵從王惟獨老弱與太子留守（索隱曰按春秋左氏傳太子名文）勾踐復問范蠡蠡曰可矣乃發習流二千（索隱曰虞書云流宥五刑按流放之罪人使之習戰任爲卒伍有二千人也○正義曰謂先慣習流利戰陣死者二千人也）教士四萬人（索隱曰謂常所教練之兵也故孔子曰以不教民戰是謂弃之是也）君子六千人（韋昭曰君子王所親近有志行者猶吳所謂賢良齊所謂士也虞翻曰言君養之如子○索隱曰君子謂君所子養有恩惠者又按左氏楚沈尹戍帥都君子以濟師杜預曰都君子諸都邑之士有復除者國語云王以私卒君子六千人也）諸御千人（索隱曰諸御謂諸理事之官在軍有職掌者）伐吳吳師敗遂殺吳太子吳告急於王王方會諸侯於黃池懼天下聞之乃祕之吳王已盟黃池乃使人厚禮以請成越越自度亦未能滅吳乃與吳平其後四年越復伐吳吳士民罷弊輕銳盡

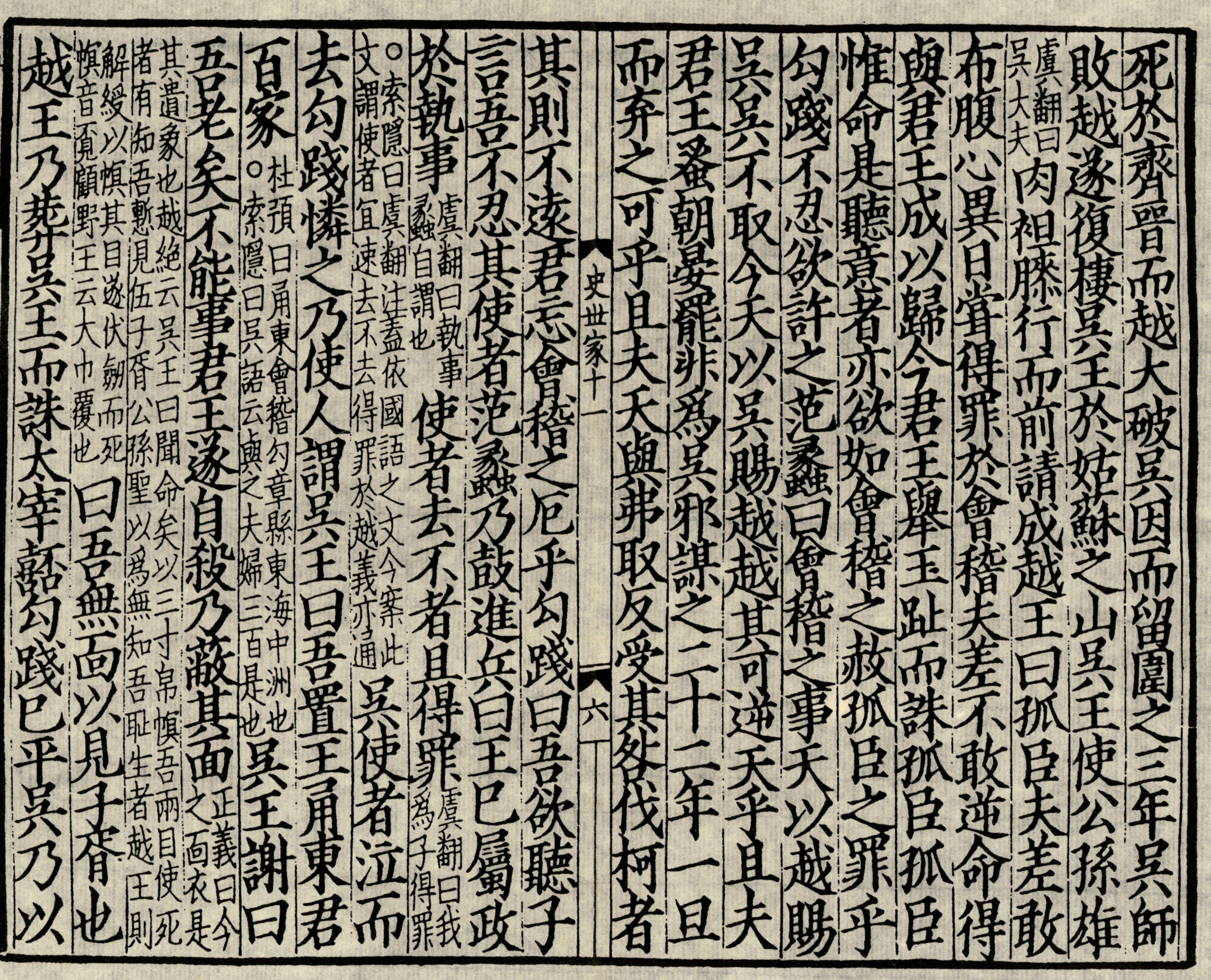

死於齊晉而越大破吳因而留圍之三年吳師敗越遂復棲吳王於姑蘇之山吳王使公孫雄虞翻曰吳大夫肉袒膝行而前請成越王曰孤臣夫差敢布腹心異日嘗得罪於會稽夫差不敢逆命得與君王成以歸今君王舉玉趾而誅孤臣孤臣惟命是聽意者亦欲如會稽之赦孤臣之罪乎勾踐不忍欲許之范蠡曰會稽之事天以越賜吳吳不取今天以吳賜越越其可逆天乎且夫君王蚤朝晏罷非為吳邪謀之二十二年一旦而弃之可乎且夫天與弗取反受其咎伐柯者其則不遠君忘會稽之厄乎勾踐曰吾欲聽子言吾不忍其使者范蠡乃鼓進兵曰王已屬政於執事虞翻曰執事蠡自謂也使者去不者且得罪虞翻曰我為子得罪○索隱曰虞翻注並依國語之文今案此文謂使者宜速去不去得罪於越義亦通吳使者泣而去勾踐憐之乃使人謂吳王曰吾置王甬東君百家杜預曰甬東會稽勾章縣東海中洲也○索隱曰吳語云與之夫婦三百是也吳王謝曰吾老矣不能事君王遂自殺乃蔽其面正義曰今之面衣是其遺象也越絕云吳王曰聞命矣以三寸帛幎吾兩目使死者有知吾慚見伍子胥公孫聖以為無知吾恥生者越王則解綬以幎其目遂伏劍而死幎音覓顧野王云大巾覆也曰吾無面以見子胥也越王乃葬吳王而誅太宰嚭勾踐已平吳乃以

兵北渡淮與齊晉諸侯會於徐州致貢於周周元王使人賜勾踐胙命爲伯勾踐已去渡淮南以淮上地與楚楚世家曰越滅吳而不能正江淮北楚東侵廣地至泗上歸吳所侵宋地於宋與魯泗東方百里當是時越兵橫行於江淮東諸侯畢賀號稱霸王索隱曰越在蠻夷少康之後地遠國小春秋之初未通上國國史既微略無世系故紀年稱爲於粤子據此文勾踐平吳之後周元王始命爲伯後遂僭而稱王也

范蠡遂去自齊遺大夫種書曰蜚鳥盡良弓藏狡兔死走狗烹徐廣曰狡一作郊越王爲人長頸鳥喙可與共患難不可與共樂子何不去種見書稱病不朝人或讒種且作亂越王乃賜種劍曰

子教寡人伐吳七術正義曰越絕云九術一曰尊天事鬼二曰重財幣以遺其君三曰遺敵粟槀以空其邦四曰遺之好美以熒其志五曰遺之巧匠使起宮室高臺以盡其財以疲其力六曰貴其諛臣使之易伐七曰彊其諫臣使之自殺八曰邦家富而備器利九曰堅甲利兵以承其弊寡人用其三而敗吳其四在子子爲我從先王試之種遂自殺

勾踐卒索隱曰紀年云晉出公十年十一月於粤子勾踐卒是爲菼執子王鼫與立索隱曰鼫音石與音餘按紀年云於粤子勾踐卒次鹿郢立六年卒樂資云越語謂鹿郢爲鼫與也王鼫與卒子王不壽立王不壽卒索隱曰紀年云不壽立十年見殺是爲盲姑次朱勾立子王翁立王翁卒索隱曰紀年於粤子朱勾三十四年滅滕三十五年滅郯三十七年朱勾卒子王翳立王翳卒子王之侯立索隱曰紀年云翳三十三年遷于吳三十六年七月太子諸咎弒其君翳十月粤殺諸咎粤滑吳人立孚錯枝爲君明年大夫寺區定粤亂立初無余之十二年寺區弟

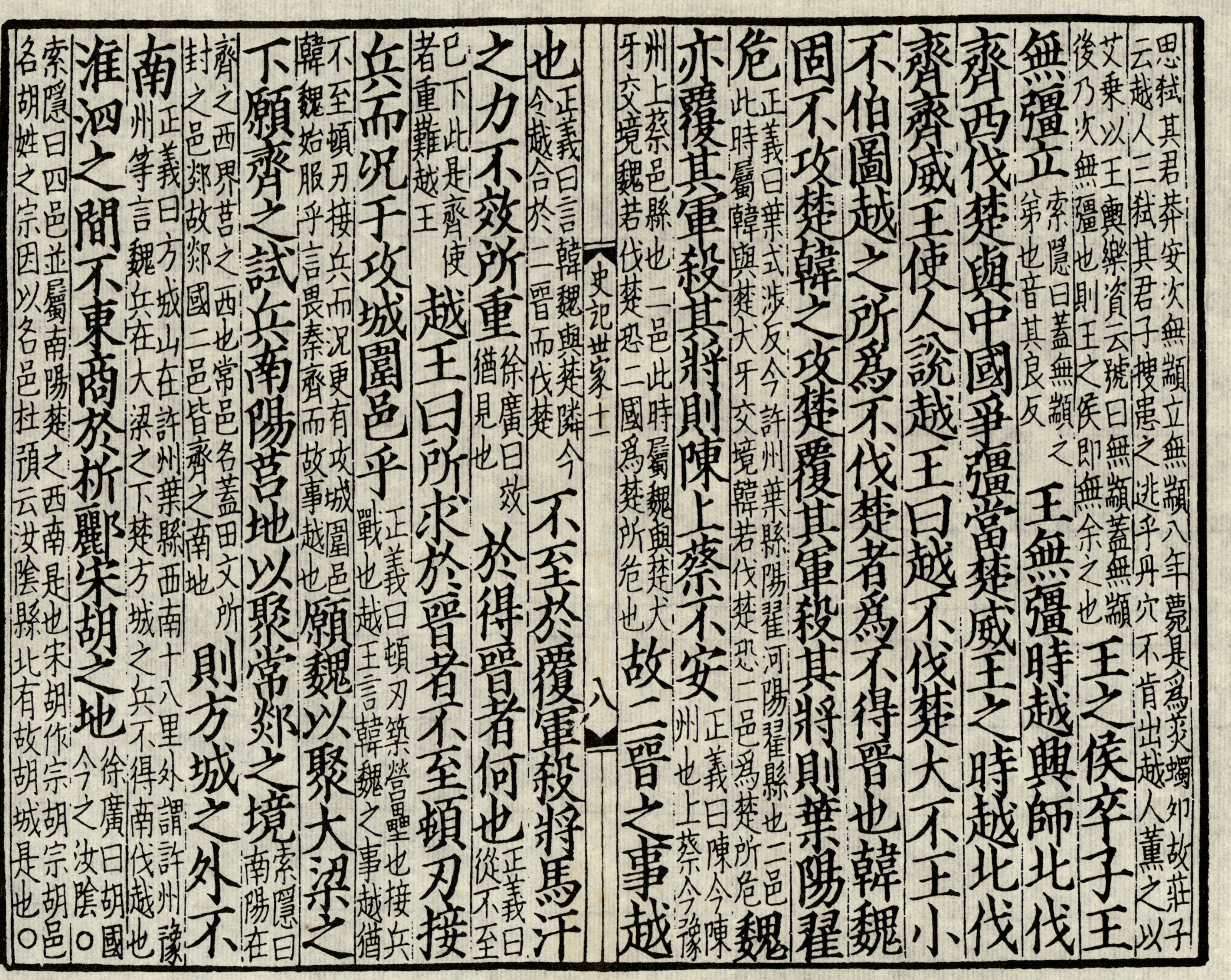

思弑其君莽安次無顓立無顓八年薨是爲菼蠋卯故莊子云越人三弑其君子搜患之逃乎丹穴不肯出越人薰之以艾乘以王輿樂資云號曰無顓無顓蓋無顓後乃次無彊也則王之侯即無余之也王之侯卒子王
無彊立索隱曰蓋無顓之弟也音其良反王無彊時越興師北伐
齊西伐楚與中國爭彊當楚威王之時越北伐
齊齊威王使人說越王曰越不伐楚大不王小
不伯圖越之所爲不伐楚者爲不得晉也韓魏
固不攻楚韓之攻楚覆其軍殺其將則葉陽翟
危正義曰葉式涉反今許州葉縣陽翟河陽翟縣也二邑此時屬韓與楚犬牙交境韓若伐楚恐二邑爲楚所危魏
亦覆其軍殺其將則陳上蔡不安正義曰陳今陳州也上蔡今豫
州上蔡邑縣也二邑此時屬魏與楚犬牙交境魏若伐楚恐二國爲楚所危也故二晉之事越

也正義曰言韓魏與楚隣今令越合於二晉而伐楚不至於覆軍殺將馬汗
之力不效所重徐廣曰效猶見也於得晉者何也正義曰從不至
已下此是齊使者重難越王越王曰所求於晉者不至頓刃接
兵而況于攻城圍邑乎正義曰頓刃築營壘也接兵戰也越王言韓魏之事越猶
不至頓刃接兵而況更有攻城圍邑韓魏始服乎言畏秦齊而故事越也願魏以聚大梁之
下願齊之試兵南陽莒地以聚常郯之境索隱曰南陽在
齊之西界莒之西也常邑名蓋田文所封之邑郯故郯國二邑皆齊之南地則方城之外不
南正義曰方城山在許州葉縣西南十八里外謂許州豫州等言魏兵在大梁之下楚方城之兵不得南伐越也
淮泗之閒不東商於析酈宗胡之地徐廣曰胡國今之汝陰○
索隱曰四邑並屬南陽楚之西南是也宗胡作宗胡宗胡邑名胡姓之宗因以名邑杜預云汝陰縣北有故胡城是也○

正義曰酈音櫟括地志云商洛縣則古商國城也荊州圖副云鄧州內鄉縣東七里於村即於中地也括地志又云鄧州內鄉縣楚邑也故酈縣在鄧州新城縣西北三十里按商於析酈在商鄧二州界縣邑也夏路以左徐廣曰蓋謂江夏之夏○索隱曰徐氏以爲江夏非也劉氏云楚適諸夏路出方城人向北行以西爲左故云夏路以左其意爲得也○正義曰括地志云故長城在鄧州內鄉縣東七十五里南入穰縣北連翼望山無土之處累石爲楚固襄王控霸南土爭強中國多築列城於北方以適華夏號爲方城按此說劉氏爲得云邑徙衆少不足備秦嶢武二關之道也不足以備秦江南泗上不足以待越矣正義曰江南洪饒等州春秋時爲楚東境也泗上徐州春秋時楚北境也二境並與越隣言不足當伐越則齊秦韓魏得志於楚也是二晉不戰而分地不耕而穫之不此之爲而頓刃於河山之間以爲齊秦用所待者如此其失計奈何其以此王也齊使者曰

幸也越之不亡也吾不貴其用智之如目見豪毛而不見其睫也今王知晉之失計而不自知越之過是目論也索隱曰言越王知晉之失不自覺越之過猶人眼能見豪毛而自不見其睫故謂之目論也王所待於晉者非其馬汗之力也又非可與合軍連和也將待之以分楚衆也今楚衆已分何待於晉越王曰奈何曰楚三大夫張九軍北圍曲沃徐廣曰一作北面曲沃○正義曰括地志云曲沃故城在陝縣西三十二里於中在鄧州內鄉縣東七里爾時曲沃屬魏於中屬秦二地相近故楚圍之於中以至無徐廣曰無一作西假之關者三千七百里正義曰按無假之關當在江南長沙之西北也言從曲沃於中西至漢中巴巫黔中千餘里不備秦魯也景翠之軍北聚魯齊南陽正義曰魯

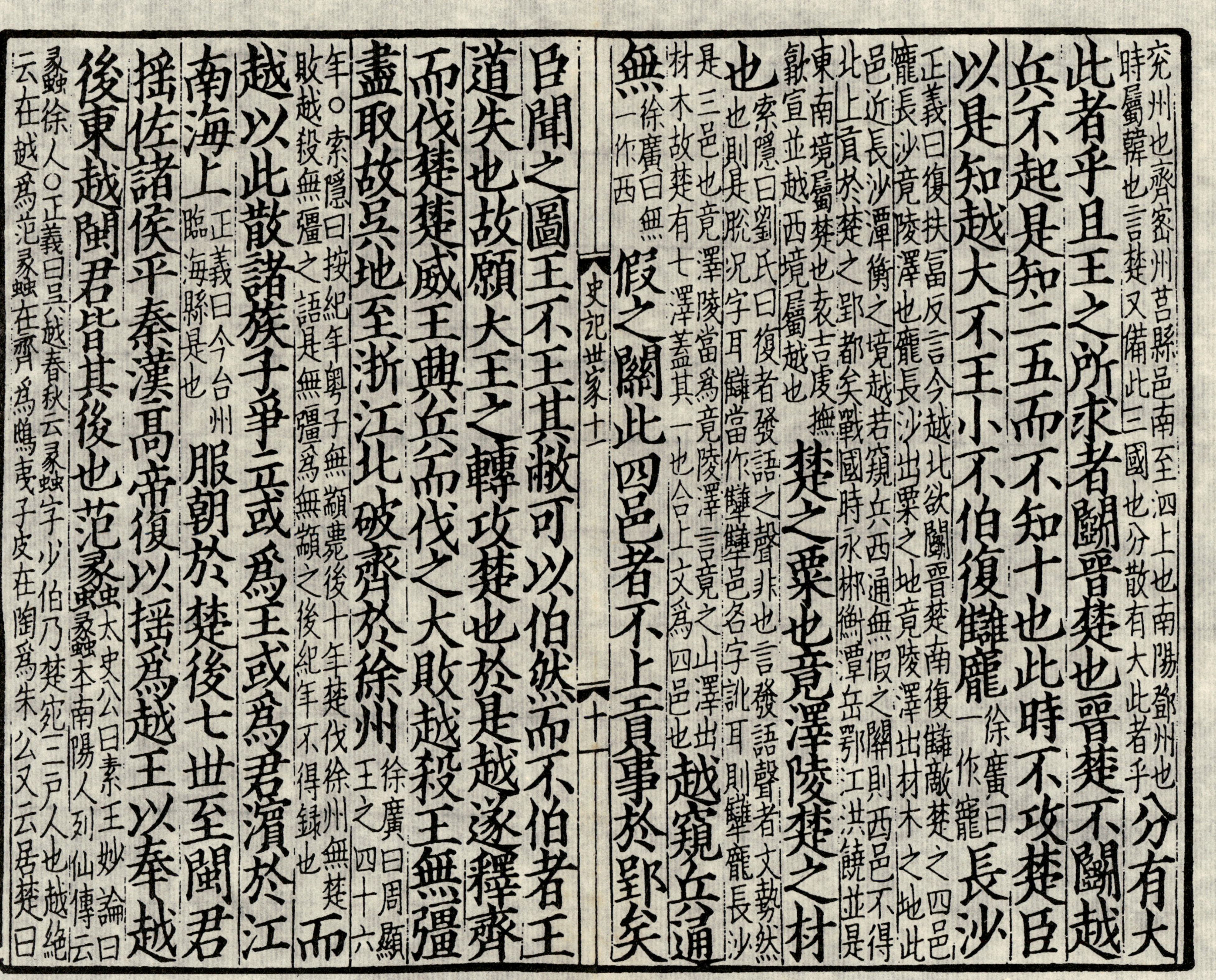

究州也齊密州莒縣邑南至泗上也南陽鄧州也時屬韓也言楚又備此三國也分散有大此者乎分有大此者乎且王之所求者鬭晉楚也晉楚不鬭越兵不起是知二五而不知十也此時不攻楚臣以是知越大不王小不伯復讎龐徐廣曰一作寵長沙正義曰復扶富反言今越北欲鬭晉楚南復讎敵楚之四邑龐長沙竟陵澤也龐長沙出粟之地竟陵澤出材木之地此邑近長沙潭衡之境越若窺兵西通無假之關則西邑不得北上貢於楚之郢都矣戰國時永郴衡潭岳鄂江洪饒並是東南境屬楚也袁吉虔撫歙宣並越西境屬越也楚之粟也竟澤陵楚之材也索隱曰劉氏曰復者發語之聲非也言發語聲者文勢然也則是睨況字耳讎當作犨犨邑名字訛耳則犨龐長沙是三邑也竟澤陵當爲竟陵澤言竟之山澤出材木故楚有七澤蓋其一也合上文爲四邑也越窺兵通無徐廣曰無一作西假之關此四邑者不上貢事於郢矣

臣聞之圖王不王其敝可以伯然而不伯者王道失也故願大王之轉攻楚也於是越遂釋齊而伐楚楚威王興兵而伐之大敗越殺王無彊盡取故吳地至浙江北破齊於徐州徐廣曰周顯王之四十六年○索隱曰按紀年粵子無顓薨後十年楚伐徐州無楚敗越殺無彊之語是無彊爲無顓之後紀年不得錄也而越以此散諸族子爭立或爲王或爲君濱於江南海上正義曰今台州臨海縣是也服朝於楚後七世至閩君搖佐諸侯平秦漢高帝復以搖爲越王以奉越後東越閩君皆其後也范蠡太史公曰素王妙論曰蠡本南陽人列仙傳云蠡徐人○正義曰吳越春秋云蠡字少伯乃楚宛三戶人也越絕云在越爲范蠡在齊爲鴟夷子皮在陶爲朱公又云居楚曰

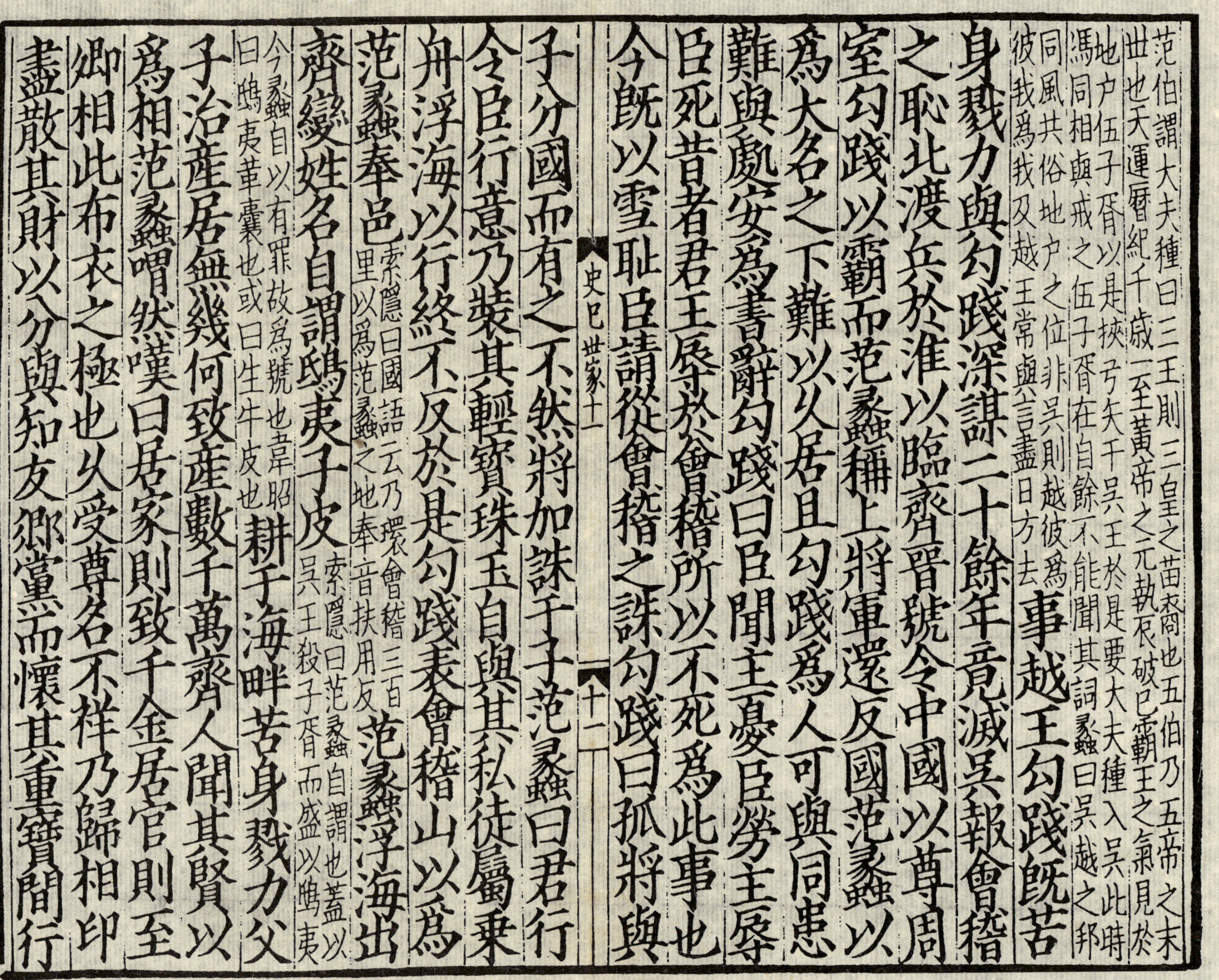

范伯謂大夫種曰三王則三皇之苗裔也五伯乃五帝之末世也天運曆紀千歲一至黃帝之元執辰破巳霸王之氣見於地戶伍子胥以是挾弓矢干吳王於是要大夫種入吳此時馮同相與戒之伍子胥在自餘不能關其詞蠡曰吳越之邦同風共俗地戶之位非吳則越彼為彼我為我及越王常與言盡日方去事越王勾踐既苦身戮力與勾踐深謀二十餘年竟滅吳報會稽之恥北渡兵於淮以臨齊晉號令中國以尊周室勾踐以霸而范蠡稱上將軍還反國范蠡以為大名之下難以久居且勾踐為人可與同患難與處安為書辭勾踐曰臣聞主憂臣勞主辱臣死昔者君王辱於會稽所以不死為此事也今既以雪恥臣請從會稽之誅勾踐曰孤將與

子分國而有之不然將加誅于子范蠡曰君行令臣行意乃裝其輕寶珠玉自與其私徒屬乘舟浮海以行終不反於是勾踐表會稽山以為范蠡奉邑索隱曰國語云乃環會稽三百里以為范蠡之地奉音扶用反范蠡浮海出齊變姓名自謂鴟夷子皮索隱曰范蠡自謂也蓋以吳王殺子胥而盛以鴟夷今蠡自以有罪故為號也韋昭曰鴟夷革囊也或曰生牛皮也耕于海畔苦身戮力父子治產居無幾何致產數千萬齊人聞其賢以為相范蠡喟然嘆曰居家則致千金居官則至卿相此布衣之極也久受尊名不祥乃歸相印盡散其財以分與知友鄉黨而懷其重寶閒行

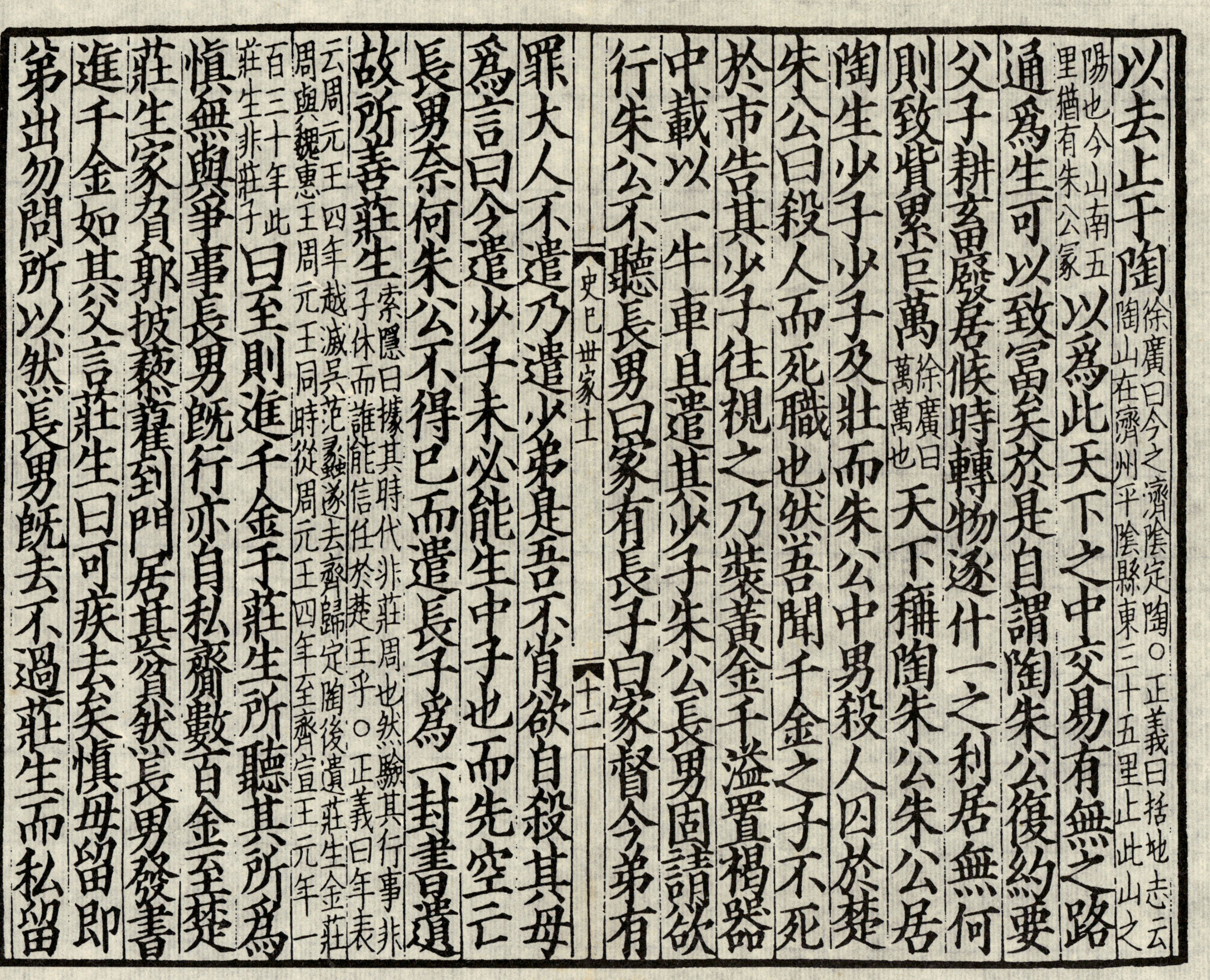

以去止于陶徐廣曰今之濟陰定陶○正義曰括地志云陶山在濟州平陰縣東三十五里止此山之陽也今山南五里猶有朱公冢以為此天下之中交易有無之路通為生可以致富矣於是自謂陶朱公復約要父子耕畜廢居候時轉物逐什一之利居無何則致貲累巨萬徐廣曰萬萬也天下稱陶朱公朱公居陶生少子少子及壯而朱公中男殺人囚於楚朱公曰殺人而死職也然吾聞千金之子不死於市告其少子往視之乃裝黃金千溢置褐器中載以一牛車且遣其少子朱公長男固請欲行朱公不聽長男曰家有長子曰家督今弟有罪大人不遣乃遣少弟是吾不肖欲自殺其母為言曰今遣少子未必能生中子也而先空亡長男奈何朱公不得已而遣長子為一封書遺故所善莊生索隱曰據其時代非莊周也然驗其行事非莊子休而誰能信任於楚王乎○正義曰年表云周元王四年越滅吳范蠡遂去齊歸定陶後遣莊生金莊周與魏惠王周元王同時從周元王四年至齊宣王元年一百三十年此莊生非莊子曰至則進千金于莊生所聽其所為慎無與爭事長男既行亦自私齎數百金至楚莊生家負郭披藜藋到門居甚貧然長男發書進千金如其父言莊生曰可疾去矣慎毋留即弟出勿問所以然長男既去不過莊生而私留

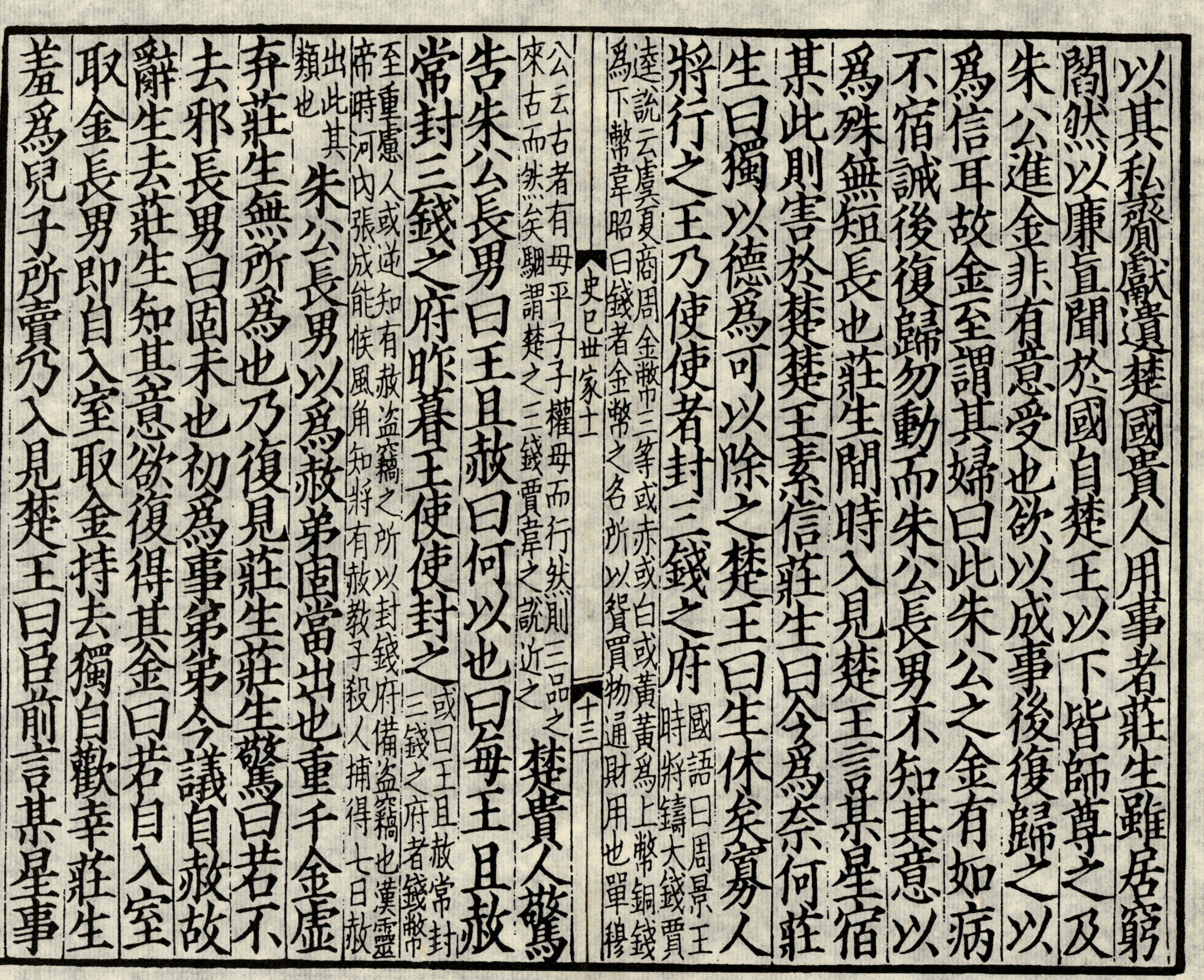

以其私齎獻遺楚國貴人用事者莊生雖居窮閻然以廉直聞於國自楚王以下皆師尊之及朱公進金非有意受也欲以成事後復歸之以爲信耳故金至謂其婦曰此朱公之金有如病不宿誡後復歸勿動而朱公長男不知其意以爲殊無短長也莊生閒時入見楚王言某星宿某此則害於楚楚王素信莊生曰今爲奈何莊生曰獨以德爲可以除之楚王曰生休矣寡人將行之王乃使使者封三錢之府國語曰周景王時將鑄大錢賈逵說云虞夏商周金幣三等或赤或白或黄黄爲上幣銅錢爲下幣韋昭曰錢者金幣之名所以貿買物通財用也單穆

公云古者有母平子子權母而行然則三品之來古而然矣駰謂楚之三錢賈韋之說近之楚貴人驚告朱公長男曰王且赦曰何以也曰每王且赦常封三錢之府昨暮王使使封之或曰王且赦常封三錢之府者錢幣至重慮人或逆知有赦盜竊之所以封錢府備盜竊也漢靈帝時河内張成能候風角知將有赦教子殺人捕得七日赦出此其類也朱公長男以爲赦弟固當出也重千金虚弃莊生無所爲也乃復見莊生莊生驚曰若不去邪長男曰固未也初爲事弟弟今議自赦故辭生去莊生知其意欲復得其金曰若自入室取金長男即自入室取金持去獨自歡幸莊生羞爲兒子所賣乃入見楚王曰臣前言某星事

王言欲以脩德報之今臣出道路皆言陶之富人朱公之子殺人囚楚其家多持金錢賂王左右故王非能恤楚國而赦乃以朱公子故也楚王大怒曰寡人雖不德耳奈何以朱公之子故而施惠乎令論殺朱公子明日遂下赦令朱公長男竟持其弟喪歸至其母及邑人盡哀之唯朱公獨笑曰吾固知必殺其弟也彼非不愛其弟顧有所不能忍者也是少與我俱見苦為生難故重棄財至如少弟者生而見我富乘堅驅良逐狡兎（徐廣曰狡一作郊）豈知財所從來故輕去之非所惜吝前日吾所為欲遣少子固為其能棄財故也而長者不能故卒以殺其弟事之理也無足悲者吾日夜固以望其喪之來也故范蠡三徙成名於天下非苟去而已所止必成名卒老死于陶故世傳曰陶朱公（張華曰陶朱公冢在南郡華容縣西樹碑云是越之范蠡也○正義曰盛弘之荊州記云荊州華容縣西有陶朱公冢樹碑云是越范蠡范蠡本宛三戶人與文種俱入越吳云後自適齊而終陶朱公登仙未聞葬此所由括地志云陶朱公冢也又云濟州平陰縣東三十里陶山南五里有陶公冢并上於陶山之陽按葬處有三未詳其處）

太史公曰禹之功大矣漸九川（徐廣曰漸者亦引進通導之意也字或宜然）定九州至于今諸夏艾安及苗裔句踐苦身

焦思終滅彊吳北觀兵中國以尊周室號稱霸

王徐廣曰一作主句踐可不謂賢哉蓋有禹之遺烈焉范

蠡三遷皆有榮名名垂後世臣主若此欲毋顯

得乎

索隱述贊曰

越祖少康　至于允常　其子始霸

與吳爭彊　檇李之役　闔閭見傷

會稽之恥　句踐欲當　種誘以利

蠡悉其良　折節下士　致膽思嘗

卒復讎寇　遂殄吳疆　後不量力

滅於無彊

越王句踐世家第十一　史記四十一

鄭世家第十二

鄭桓公友者周厲王少子而宣王庶弟也徐廣曰年表云母弟宣王立二十二年友初封于鄭索隱曰鄭縣名屬京兆秦武公十一年初縣杜鄭是也又系本云桓公居棫林徙拾宋忠云棫林與拾皆舊地名是封桓公乃名爲鄭耳至秦之縣鄭是鄭武公東徙新鄭之後其舊鄭乃是故都故秦始改爲縣也出地理志封三十三歲百姓皆便愛之幽王以爲司徒韋昭曰幽王八年爲司徒○索隱曰韋昭據國語以爲說耳和集周民周民皆說河雒之閒人便思之爲司徒一歲幽王以襃后故王室治多邪諸侯或畔之於是桓公問太史伯虞翻曰周太史曰王室多故予安逃死乎太史伯對曰獨雒之東土河濟之南可居公曰何以對曰地近虢鄶徐廣曰虢在成皋鄶在密縣駰案虞翻曰虢姬姓東虢也鄶妘姓○正義曰括地志云洛州汜水縣古東虢叔之國東虢君也又云故鄶城在鄭州新鄭縣東北三十二里虢鄶之君貪而好利索隱曰鄭語云虢叔恃勢鄶仲恃險皆有驕侈又加之以貪冒是也虢叔文王弟鄶妘姓之國也百姓不附今公爲司徒民皆愛公公誠請居之虢鄶之君見公方用事輕分公地公誠居之虢鄶之民皆公之民也公曰吾欲南之江上何如對曰昔祝融爲高辛氏火正其功大矣而其於周未有興者楚其後也周衰楚必興興非鄭之利也公曰吾欲居西方何如索隱曰國語曰公曰謝西之九州何如韋昭云謝申伯之國謝西有九州二千五百家爲州其說蓋異此對曰

其民貪而好利難久居公曰周衰何國興者對曰齊秦晉楚乎夫齊姜姓伯夷之後也伯夷佐堯典禮秦嬴姓伯翳之後也伯翳佐舜懷柔百物及楚之先皆嘗有功於天下而周武王克紂後成王封叔虞于唐徐廣曰晉世家曰唐叔虞姓姬氏字子于。索隱曰唐者古國堯之後其君曰叔虞何以知然據此系家下文云唐人之季代曰唐叔虞當武王邑姜方動太叔夢天帝命而子曰虞與之唐及生有文在手曰虞遂以名之及成王滅唐而國太叔故因以稱唐叔虞杜預亦曰取唐君之名是也其地阻險以此有德與周衰並亦必興矣桓公曰善於是卒言王東徙其民雒東而虢鄶果獻十邑虞翻曰十邑謂虢鄶鄢蔽補丹依𩥇歷華也。索隱曰國語云太史伯曰若克二邑鄢蔽補丹依𩥇歷華君之土也虞翻註依國語爲記竟國之韋昭曰後武公竟取十邑地而居之今河南新鄭也二歲犬戎殺幽王於驪山下并殺桓公鄭人共立其子掘突正義曰上求勿反下戶骨反是爲武公索隱曰譙周云名突滑皆非也蓋古史失其名太史公循舊失而妄記之耳何以知其然者按下文其孫昭公名忽厲公名突豈有孫与祖同名乎當是舊史雜記昭厲忽突之名遂誤以掘突爲武公之字耳武公十年娶申侯女正義曰括地志云故申城在鄧州南陽縣北三十里左傳云鄭武公取於申也爲夫人曰武姜生太子寤生生之難及生夫人弗愛後生少子叔段段生易夫人愛之徐廣曰年表云十四年生寤生十七年生太叔段二十七年武公疾夫人請公欲立段爲太子公弗聽是歲武公卒寤生立是爲莊公莊公元年封弟段於京賈逵曰京鄭都邑杜預曰今滎陽京縣號太叔祭仲曰京大於國非所以封庶也莊公曰武姜欲之我弗敢奪也段至京繕治甲兵與其母武姜謀襲鄭二十二年段果襲鄭武姜爲內應莊公發兵伐段段走伐京京人畔段段出走鄢正義曰鄢音烏古反今新鄭縣南鄢頭有村多万家舊作鄢音偃杜預云鄢今鄢陵也鄢潰段出奔共賈逵曰共國名也杜預曰今汲郡共縣也○正義曰按今衛州共城縣是也於是莊公遷其母武姜於城潁賈逵曰鄭地也○正義曰疑許州臨潁縣是也誓言曰不至黃泉服虔曰天玄地黃泉在地中故言黃泉毋相見也居歲餘已悔思母潁谷之考叔賈逵曰潁谷鄭地○正義曰括地志云潁水源出洛州嵩高縣東南三十里陽乾山今俗名潁山泉源出山之東谷其側有古人居處俗名爲潁墟

故老云是潁考之故居即酈元注水經所謂潁谷也有獻於公公賜食考叔曰吕有母請君食賜吕母莊公曰我甚思母惡負盟柰何考叔曰穿地至黃泉則相見矣於是遂從之見母二十四年宋繆公卒公子馮奔鄭鄭侵周地取禾索隱曰左傳隱三年鄭武公莊公爲平王卿士王貳于虢及王崩周人將畀虢公政夏四月鄭祭足帥師取溫之麥秋又取成周之禾二十五年衛州吁弒其君桓公自立與宋伐鄭以馮故也二十七年始朝周桓王桓王怒其取禾弗禮也索隱曰杜預曰桓公即位周鄭交惡至是始朝故言始也左傳又曰周桓公言於王曰我周之東遷晉鄭焉依善鄭以勸來者猶懼不蔇況不禮焉鄭不來矣二十九年莊公怒周弗禮與魯易祊許田索隱曰許田近許之地魯

朝宿之邑祊者鄭所受助祭太山之湯沐邑鄭以天子不能巡守故以祊易許田各從其近三十三年宋殺孔父三十七年莊公不朝周周桓王率陳蔡虢衛伐鄭莊公與祭仲高渠彌發兵自救索隱曰左傳稱祭仲足蓋祭是邑其人名仲字仲足故傳云祭封人中足是也此繻葛之戰在魯桓五年彌一作眯並音迷王師大敗祝瞻射中王臂索隱曰左氏作祝聃祝瞻請從之鄭伯止之曰犯長且難之況敢陵天子乎乃止夜令祭仲問王疾三十八年北戎伐齊齊使求救鄭遣太子忽將兵救齊齊釐公欲妻之忽謝曰我小國非齊敵也時祭仲與俱勸使取之曰君多內寵服虔曰言庶子有寵者多太子無大援將不立三公

子皆君也所謂三公子者太子忽其弟突次弟子亹也索隱曰此文則數太子忽及突子亹爲三而杜預云不數太子以子突子亹子儀爲三蓋得之十三年鄭莊公卒初祭仲甚有寵於莊公莊公使爲卿公使娶鄧女生太子忽故祭仲立之是爲昭公莊公又娶宋雍氏女賈逵曰雍氏黃帝之孫姞姓之後爲宋大夫生厲公突雍氏有寵於宋服虔曰爲宋正卿故曰有寵宋莊公聞祭仲之立忽乃使人誘召祭仲而執之曰不立突將死亦執突以求賂焉祭仲許宋與宋盟以突歸立之昭公忽聞祭仲以宋要立其弟突九月辛亥忽出奔衛己亥突至鄭立是爲厲公

厲公四年祭仲專國政厲公患之陰使其壻雍糾欲殺祭仲[賈逵曰雍糾鄭大夫]糾妻祭仲女也知之謂其母曰父與夫孰親母曰父一而已人盡夫也[杜預曰婦人在室則天父出則天夫女以爲疑故母以所生爲本解之]女乃告祭仲祭仲反殺雍糾戮之於市厲公無奈祭仲何怒糾曰謀及婦人死固宜哉夏厲公出居邊邑櫟[宋衷曰今潁川陽翟縣○索隱曰按櫟音歷即鄭初得十邑之歷也]祭仲迎昭公忽六月乙亥復入鄭即位秋鄭厲公突因櫟人殺其大夫單伯[杜預曰鄭守櫟大夫也○索隱曰依左傳作檀伯事在桓十五年此文誤爲單伯者蓋亦有所因也按魯莊公十四年厲公自櫟侵鄭事與單伯會齊師伐宋相連故知誤耳]遂居之諸侯聞厲公出奔

伐鄭弗克而去宋頗予厲公兵自守於櫟鄭以故亦不伐櫟昭公二年自昭公爲太子時父莊公欲以高渠彌爲卿太子忽惡之莊公弗聽卒用渠彌爲卿及昭公即位懼其殺己冬十月辛卯渠彌與昭公出獵射殺昭公於野祭仲與渠彌不敢入厲公乃更立昭公弟子亹爲君是爲子亹也無謚號子亹元年七月齊襄公會諸侯於首止[服虔曰首止近鄭之地杜預曰首止衞地陳留襄邑縣東南有首鄉]鄭子亹往會高渠彌相從祭仲稱疾不行所以然者子亹自齊襄公爲公子之時嘗會鬭相仇及會諸侯祭

仲請子亹無行子亹曰齊彊而厲公居櫟即不往是率諸侯伐我內厲公我不如往往何遽必辱且又何至是卒行於是祭仲恐齊并殺之故稱疾子亹至不謝齊侯齊侯怒遂伏甲而殺子亹高渠彌亡歸[索隱曰左氏一云轘高渠弥]歸與祭仲謀召子亹弟公子嬰於陳而立之是爲鄭子[索隱曰左氏以鄭子名子儀此一云嬰蓋別有所見]是歲齊襄公使彭生醉拉殺魯桓公鄭子八年齊人管至父等作亂弑其君襄公十二年宋人長萬弑其君湣公鄭祭仲死十四年故鄭亡厲公突在櫟者使人誘劫鄭大夫甫假要

以求入[索隱曰左傳作傅瑕此本多假借亦依字讀]瑕曰舍我我爲君殺鄭子而入君厲公與盟乃舍之六月甲子瑕殺鄭子及其二子而迎厲公突突自櫟復入即位初內蛇與外蛇鬬於鄭南門中內蛇死居六年厲公果復入入而讓其伯父原[索隱曰左傳謂之原繁]曰我亡國外居伯父無意入我亦甚矣原曰事君無二心人臣之職也原知罪矣遂自殺厲公於是謂甫瑕曰子之事君有二心矣遂誅之瑕曰重德不報誠然哉厲公突後元年齊桓公始霸五年燕衛與周惠王弟穨伐王[索隱曰惠王莊王孫僖王子子穨莊]

王之妾王姚所生事在莊十九年王出奔温立弟頹爲王六年惠王告急鄭厲公發兵擊周王子頹弗勝於是與周惠王歸王居于櫟七年春鄭厲公與虢叔襲殺王子頹而入惠王于周秋厲公卒子文公踕立索隱曰踕音在接反系本云文公從鄭宋忠云即新鄭也厲公初立四歲亡居櫟居櫟十七歲復入立七歲與亡凡二十八年

文公十七年齊桓公以兵破蔡遂伐楚至召陵二十四年文公之賤妾曰燕姞賈逵曰姞南燕姓夢天與之蘭賈逵曰香名也曰余爲伯鯈余爾祖也賈逵曰伯鯈南燕祖以是爲而子王肅曰以是蘭也爲汝子之名蘭有國香以夢告文公

文公幸之而予之草蘭爲符遂生子名曰蘭三十六年晉公子重耳過文公弗禮文公弟叔詹曰重耳賢且又同姓窮而過君不可無禮文公曰諸侯亡公子過者多矣安能盡禮之詹曰君如弗禮遂殺之弗殺使即反國爲鄭憂矣文公弗聽三十七年春晉公子重耳反國立是爲文公秋鄭入滑滑聽命已而反與衞於是鄭伐滑索隱曰左傳僖二十四年鄭公子士泄堵俞弥帥師伐滑周襄王使伯犕請滑索隱曰犕音服左氏王使伯服游孫伯如鄭請滑杜預云二子周大夫知伯犕即伯服也鄭文公怨惠王之亡在櫟而文公父厲公入之而厲王不賜

厲公爵祿索隱曰此言爵祿與左氏說異左傳云鄭伯享王王以后之鞶鑑與之虢公請器王予之爵則爵酒器非爵祿也故曰與左氏說異又怨襄王之與衛滑故不聽襄王請而囚伯犕王怒與翟人伐鄭弗克冬翟攻伐襄王襄王出奔鄭鄭文公居王于氾三十八年晉文公入襄王成周四十一年助楚擊晉自晉文公之過無禮故背晉助楚四十三年晉文公與秦穆公共圍鄭討其助楚攻晉者及文公過時之無禮也初鄭文公有三夫人寵子五人皆以罪蚤死公怒溉徐廣曰一作瑕○索隱曰言既左傳作瑕逐羣公子子蘭奔晉從晉文公圍鄭時蘭事晉文公甚謹

愛幸之乃私於晉以求入鄭爲太子晉於是欲得叔詹爲僇鄭文公恐不敢謂叔詹言詹聞言於鄭君曰臣謂君君不聽臣晉卒爲患然晉所以圍鄭以詹詹死而赦鄭國詹之願也乃自殺鄭人以詹尸與晉晉文公曰必欲一見鄭君辱之而去鄭人患之乃使人私於秦曰破鄭益晉非秦之利也秦兵罷晉文公欲入蘭爲太子以告鄭鄭大夫石癸曰吾聞姞姓乃后稷之元妃杜預曰姞姓之女爲后稷妃其後當有興者子蘭母其後也且夫人子盡已死餘庶子無如蘭賢今圍急晉以

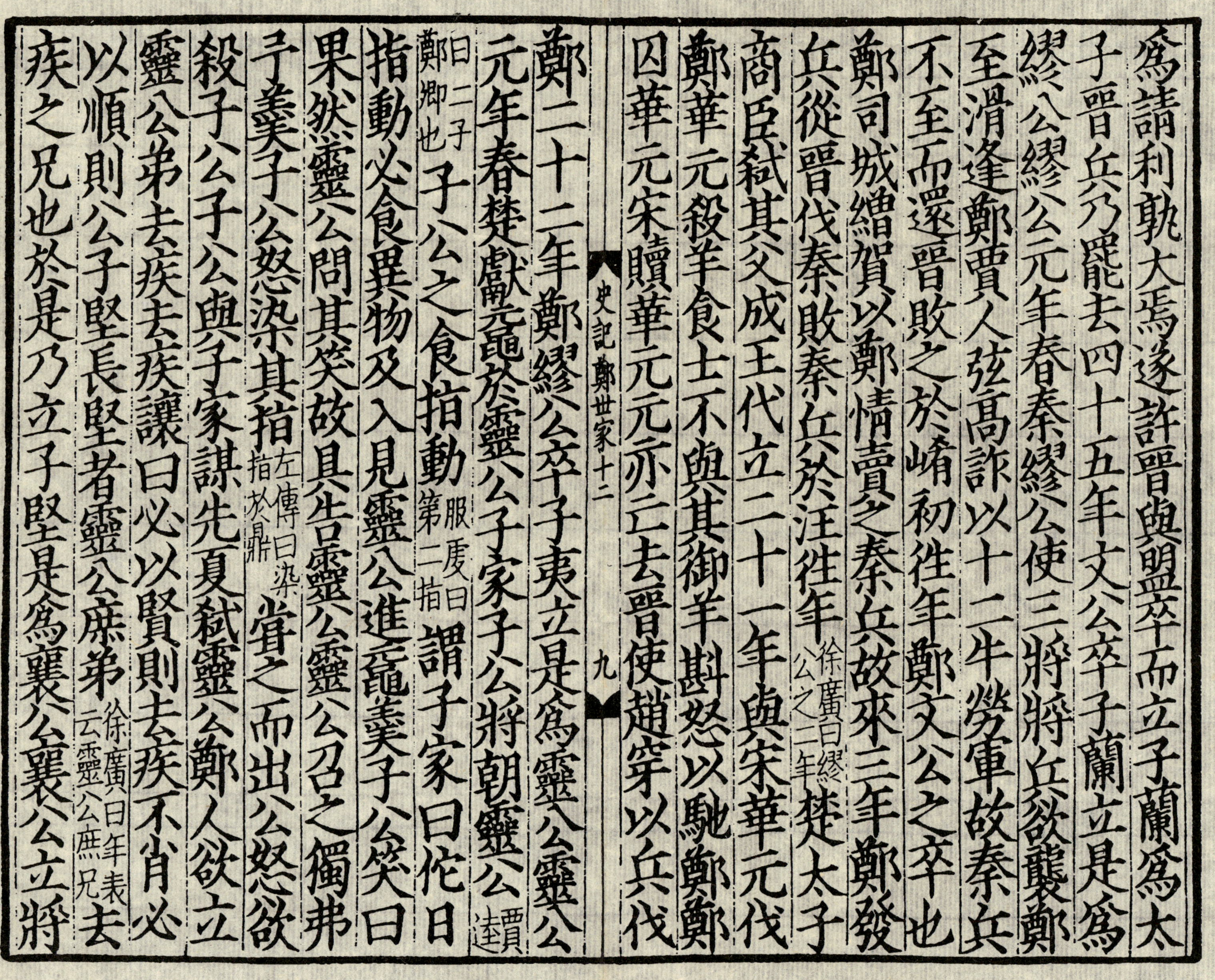

爲請利孰大焉遂許晉與盟卒而立子蘭爲太子晉兵乃罷去四十五年文公卒子蘭立是爲繆公繆公元年春秦繆公使三將將兵欲襲鄭至滑逢鄭賈人弦高詐以十二牛勞軍故秦兵不至而還晉敗之於崤初往年鄭文公之卒也鄭司城繒賀以鄭情賣之秦兵故來三年鄭發兵從晉伐秦敗秦兵於汪往年（徐廣曰繆公之二年）楚太子商臣弒其父成王代立二十一年與宋華元伐鄭華元殺羊食士不與其御羊斟怒以馳鄭鄭囚華元宋贖華元元亦亡去晉使趙穿以兵伐

鄭二十二年鄭繆公卒子夷立是爲靈公靈公元年春楚獻黿於靈公子家子公將朝靈公（賈逵曰二子鄭卿也）子公之食指動（服虔曰第二指）謂子家曰佗日指動必食異物及入見靈公進黿羹子公笑曰果然靈公問其笑故具告靈公靈公召之獨弗予羹子公怒染其指（左傳曰染指於鼎）嘗之而出公怒欲殺子公子公與子家謀先夏弒靈公鄭人欲立靈公弟去疾去疾讓曰必以賢則去疾不肖必以順則公子堅長堅者靈公庶弟（徐廣曰年表云靈公庶兄）去疾之兄也於是乃立子堅是爲襄公襄公立將

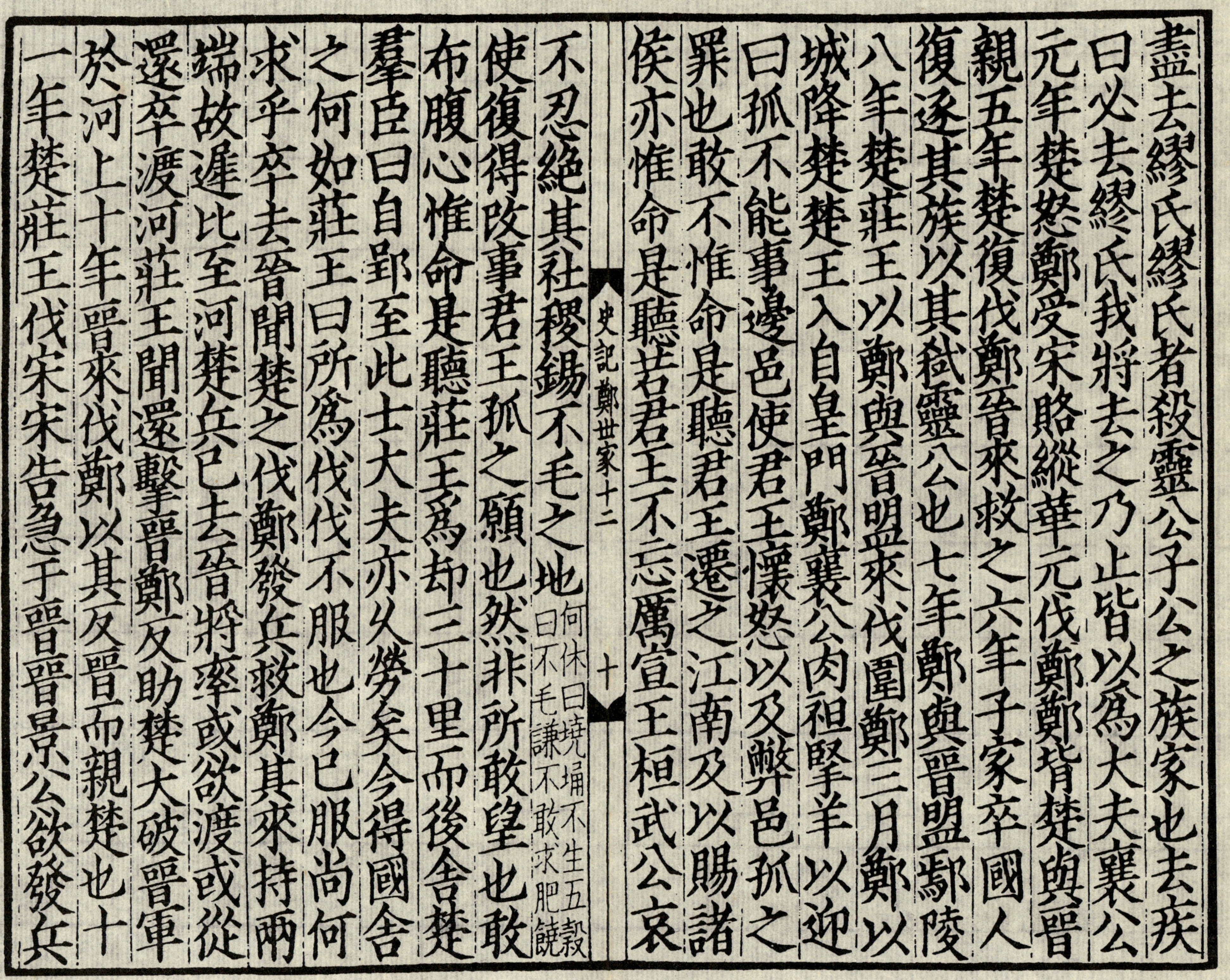

盡去繆氏繆氏者殺靈公子公之族家也去疾曰必去繆氏我將去之乃止皆以爲大夫襄公元年楚怒鄭受宋賂縱華元伐鄭鄭背楚與晉親五年楚復伐鄭晉來救之六年子家卒國人復逐其族以其弒靈公也七年鄭與晉盟鄢陵八年楚莊王以鄭與晉盟來伐圍鄭三月鄭以城降楚楚王入自皇門鄭襄公肉袒掔羊以迎曰孤不能事邊邑使君王懷怒以及弊邑孤之罪也敢不惟命是聽君王遷之江南及以賜諸侯亦惟命是聽若君王不忘厲宣王桓武公哀

不忍絕其社稷錫不毛之地何休曰墝埆不生五穀曰不毛謙不敢求肥饒使復得改事君王孤之願也然非所敢望也敢布腹心惟命是聽莊王爲却三十里而後舍楚羣臣曰自郢至此士大夫亦久勞矣今得國舍之何如莊王曰所爲伐伐不服也今已服尚何求乎卒去晉聞楚之伐鄭發兵救鄭其來持兩端故遲比至河楚兵已去晉將率或欲渡或從還卒渡河莊王聞還擊晉鄭反助楚大破晉軍於河上十年晉來伐鄭以其反晉而親楚也十一年楚莊王伐宋宋告急于晉晉景公欲發兵

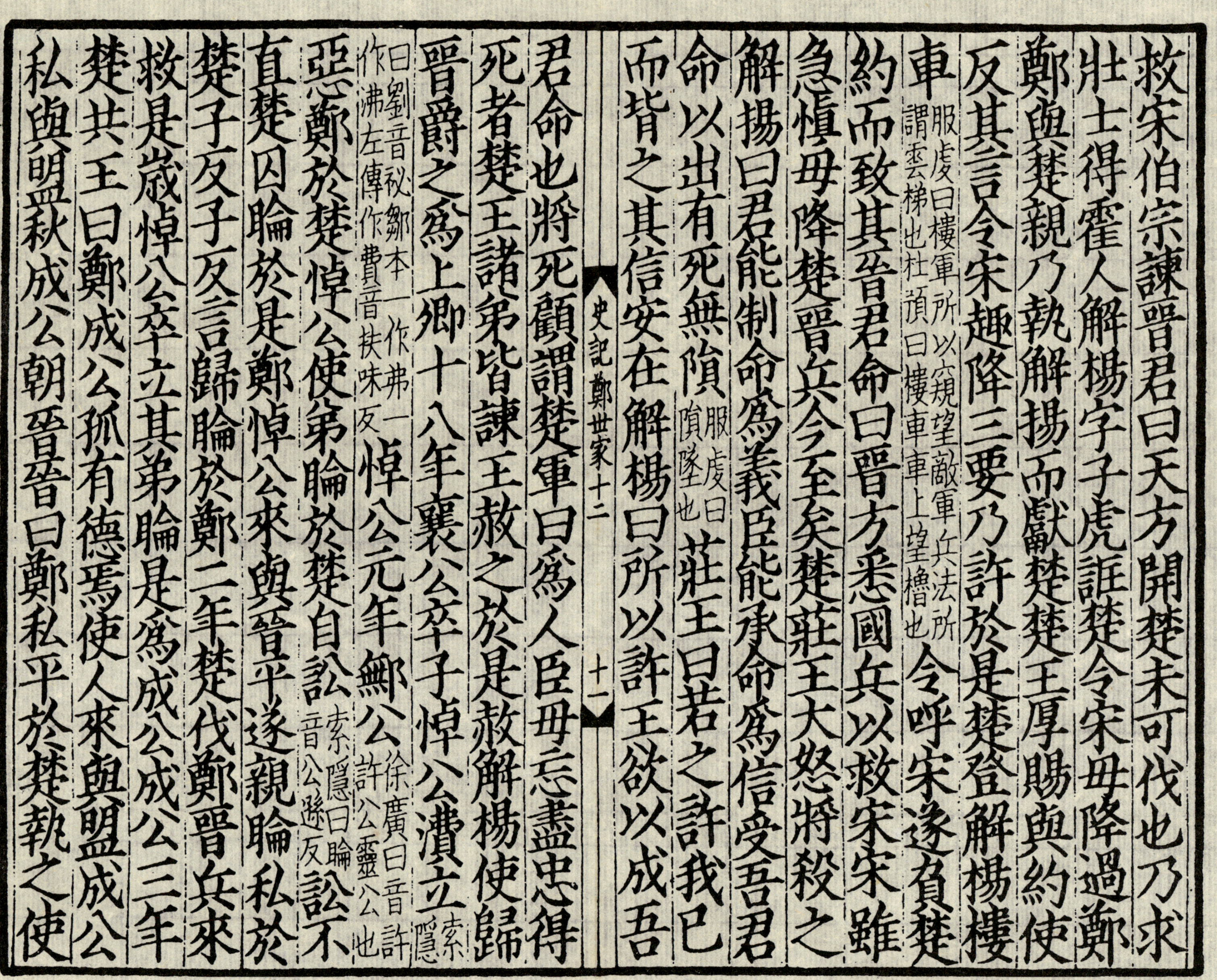

救宋伯宗諫晉君曰天方開楚未可伐也乃求壯士得霍人解揚字子虎誆楚令宋毋降過鄭鄭與楚親乃執解揚而獻楚楚王厚賜與約使反其言令宋趣降三要乃許於是楚登解揚樓車服虔曰樓車所以窺望敵軍兵法所謂雲梯也杜預曰樓車車上望櫓也令呼宋遂負楚約而致其晉君命曰晉方悉國兵以救宋宋雖急愼毋降楚晉兵今至矣楚莊王大怒將殺之解揚曰君能制命爲義臣能承命爲信受吾君命以出有死無隕服虔曰隕墜也莊王曰若之許我已而背之其信安在解揚曰所以許王欲以成吾

君命也將死顧謂楚軍曰爲人臣毋忘盡忠得死者楚王諸弟皆諫王赦之於是赦解揚使歸晉爵之爲上卿十八年襄公卒子悼公濆立索隱曰劉音秘鄒本一作弗一作沸左傳作費音扶味反悼公元年鄦公徐廣曰音許許公靈公也惡鄭於楚悼公使弟睔於楚自訟索隱曰睔音公遜反訟不直楚囚睔於是鄭悼公來與晉平遂親睔私於楚子反子反言歸睔於鄭二年楚伐鄭晉兵來救是歲悼公卒立其弟睔是爲成公成公三年楚共王曰鄭成公孤有德焉使人來與盟成公私與盟秋成公朝晉晉曰鄭私平於楚執之使

欒書伐鄭四年春鄭患晉圍公子如乃立成公庶兄繻爲君索隱曰繻音須鄭氏云一作纏其四月晉聞鄭立君乃歸成公鄭人聞成公歸亦殺君繻迎成公晉兵去十年背晉盟盟於楚晉厲公怒發兵伐鄭楚共王救鄭晉楚戰鄢陵楚兵敗晉射傷楚共王目俱罷而去十三年晉悼公伐鄭兵於洧上服虔曰洧水名。正義曰括地志云洧水在鄭州新鄭縣北三里古新鄭城南韓詩外傳云鄭俗二月桃花水出時會於溱洧水上以自後除按在古城城南與溱水合鄭城守晉亦去十四年成公卒子惲立是爲釐公索隱曰惲音紆粉反左傳作髡原釐公五年鄭相子駟朝釐公釐公不禮子駟怒使廚人藥

殺釐公徐廣曰年表云子駟使賊夜弒僖公赴諸侯曰釐公暴病卒立釐公子嘉嘉時年五歲是爲簡公簡公元年諸公子謀欲誅相子駟子駟覺之反盡誅諸公子二年晉伐鄭鄭與盟晉去冬又與楚盟子駟畏誅故兩親晉楚三年相子駟欲自立爲君公子子孔使尉止殺相子駟而代之子孔又欲自立子產曰子駟爲不可誅之今又效之是亂無時息也於是子孔從之而相鄭簡公四年晉怒鄭與楚盟伐鄭鄭與盟楚共王救鄭敗晉兵簡公欲與晉平楚又囚鄭使者十二年簡公怒相

子孔專國權誅之而以子產為卿十九年簡公如晉請衛君還而封子產以六邑服虔曰四井為邑子產讓受其三邑二十二年吳使延陵季子於鄭見子產如舊交謂子產曰鄭之執政者侈難將至政將及子子為政必以禮不然鄭將敗子產厚遇季子二十三年諸公子爭寵相殺又欲殺子產公子或諫曰子產仁人鄭所以存者子產也勿殺乃止二十五年鄭使子產於晉問平公疾平公曰卜而曰實沈臺駘為祟史官莫知敢問對曰高辛氏有二子長曰閼伯季曰實沈居曠

林賈逵曰曠大也不相能也日操干戈以相征伐后帝弗臧賈逵曰后帝堯也臧善也遷閼伯于商丘主辰賈逵曰商丘在漳南杜預曰商丘宋地服虔曰辰大火主祀也商人是因故辰為商星服虔曰商人契之先湯之始祖相土封閼伯之故地因其故國而代之遷實沈于大夏主參服虔曰大夏在汾澮之間主祀參星杜預曰大夏今晉陽縣唐人是因服事夏商賈逵曰唐人謂陶唐氏之胤劉累也事夏帝孔甲封于大夏因實沈之國子孫以服事商也。正義曰括地志云故唐城在絳州翼城縣西二十里徐才宗國都城記云唐因帝堯之裔子所封春秋云夏孔甲時有堯苗胄劉累者以豢龍事孔甲夏后嘉之賜曰御龍氏以更豕韋之後龍一雌死潛醢之以食夏后既而使求之懼而遷于魯縣夏后蓋別封劉累之後于夏之墟為唐侯至周成王時唐人作亂成王滅之而封太叔遷唐人子孫於杜謂之杜伯范氏所在周為唐杜氏地記云唐氏在大夏之墟屬河東安縣今在絳城西北一百里有唐城者以為唐舊國然則叔虞之封即此地也其季世曰唐叔虞（杜預曰唐人之季世其君曰叔虞）當武王邑姜方娠大叔夢帝謂己（賈逵曰帝天也已武王也）余命而子曰虞（杜預曰取唐君之名）乃與之唐屬之參而蕃育其子孫及生有文在其掌曰虞遂以命之及成王滅唐而國大叔焉故參爲晉星（賈逵曰晉主祀參參爲晉星）由是觀之則實沈參神也昔金天氏有裔子曰昧爲玄冥師（服虔曰金天少皞也玄冥水官也師長也昧爲水官之長）生允格臺駘（服虔曰允格臺駘兄弟也）臺駘能業其官（服虔曰脩昧之職）宣汾洮（賈逵曰宣猶通也汾洮二水也）障大澤（服虔曰陂障其水也）以處太原（服虔曰太原汾水名杜預曰太原晉陽也臺駘之所居也）帝用嘉之國之汾川（服虔曰帝顓頊也）沈姒蓐黃實守其祀

（賈逵曰四國臺駘之後也）今晉主汾川而滅之（賈逵曰滅四國）由是觀之則臺駘汾洮神也然是二者不害君身山川之神則水旱之菑禜之（服虔曰禜爲營攢用幣也若有水旱則禜祭山川之神以祈福也）日月星辰之神則雪霜風雨不時禜之若君疾飲食哀樂女色所生也平公及叔嚮曰善博物君子也厚爲之禮於子産二十七年夏鄭簡公朝晉冬畏楚靈王之彊又朝楚子産從二十八年鄭君病使子産會諸侯與楚靈王盟於申誅齊慶封三十六年簡公卒子定公寧立秋定公朝晉昭公定公元年楚公子棄疾弒其君

靈王而自立爲平王欲行德諸侯歸靈王所侵鄭地于鄭四年晉昭公卒其六卿彊公室卑子産謂韓宣子曰爲政必以德毋忘所以立六年鄭火公欲禳之子産曰不如脩德八年楚太子建來奔十年太子建與晉謀襲鄭鄭殺建建子勝奔吳十一年定公如晉晉與鄭謀誅周亂臣入敬王于周索隱曰王避弟子朝之亂出居狄泉在昭二十三年至二十六年晉鄭入之經曰天王入于成周是也十三年定公卒子獻公蠆立獻公十三年卒子聲公勝立當是時晉六卿彊侵奪鄭鄭遂弱聲公五年鄭相子産卒正義曰括地志云子産墓在新鄭縣西南二十五里酈元注水經云子産墓在溼水上累石爲方墳墳東北向鄭城杜預云言不忘本也鄭人皆哭泣悲之如亡親戚子産者鄭成公少子也爲人仁愛人事君忠厚孔子嘗過鄭與子産如兄弟云及聞子産死孔子爲泣曰古之遺愛也賈逵曰愛惠也杜預曰子産見愛有古人遺風也兄事子産八年晉范中行氏反晉告急於鄭鄭救之晉伐鄭敗鄭軍於鐵杜預曰戚城南鐵丘○正義曰括地志云鐵州在滑州衛南縣東南十五里十四年宋景公滅曹二十年齊田常弑其君簡公而常相於齊二十二年楚惠王滅陳孔子卒二十六年晉知伯伐鄭取九邑三十七年聲公卒子哀公易立年表云三十八

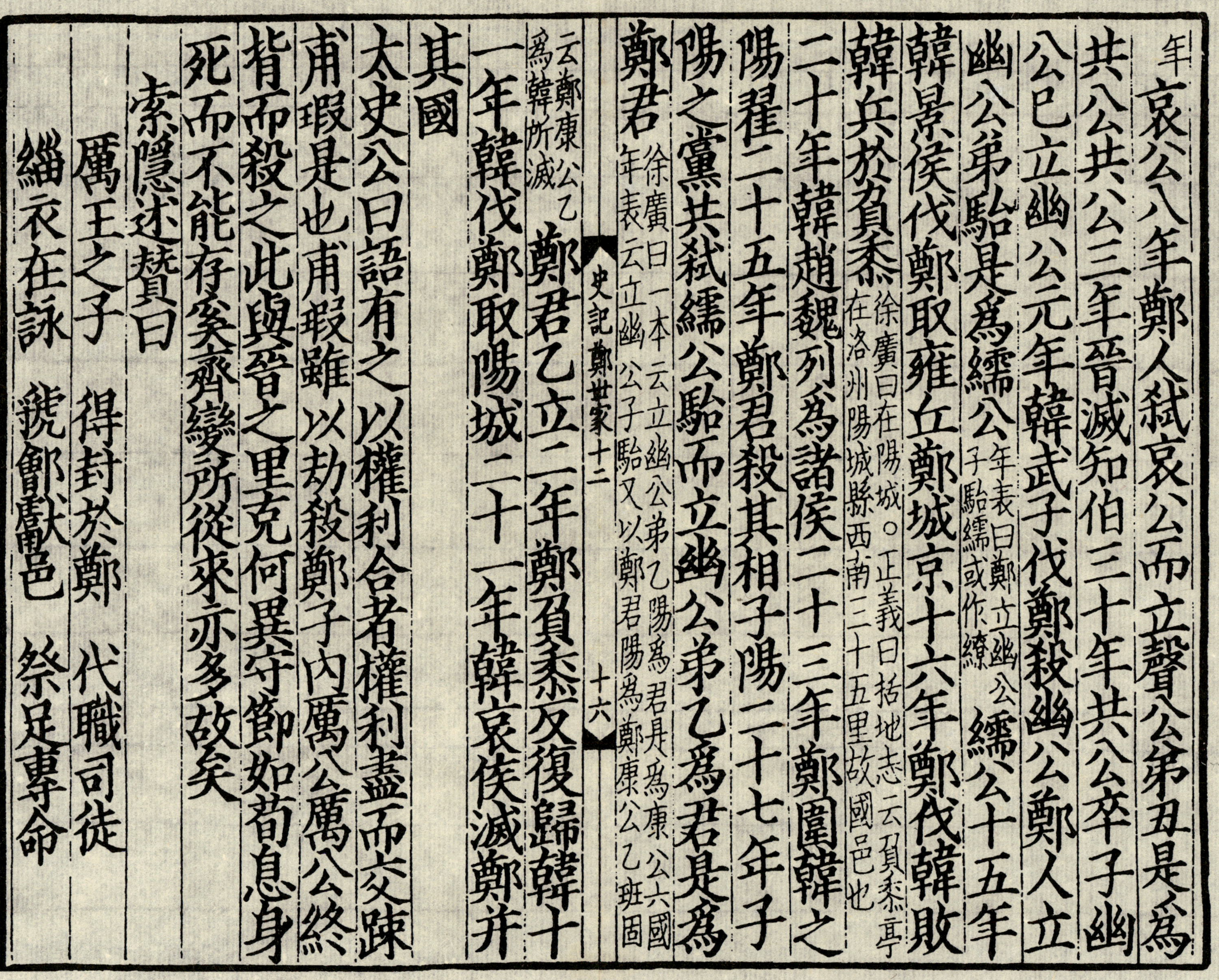

年哀公八年鄭人弒哀公而立聲公弟丑是爲共公共公三年晉滅知伯三十年共公卒子幽公已立幽公元年韓武子伐鄭殺幽公鄭人立幽公弟駘是爲繻公年表曰鄭立幽公子駘繻或作繚繻公十五年韓景侯伐鄭取雍丘鄭城京十六年鄭伐韓敗韓兵於負黍徐廣曰在陽城。正義曰括地志云負黍亭在洛州陽城縣西南三十五里故國邑也二十年韓趙魏列爲諸侯二十三年鄭圍韓之陽翟二十五年鄭君殺其相子陽二十七年子陽之黨共弒繻公駘而立幽公弟乙爲君是爲鄭君徐廣曰一本云立幽公弟乙陽爲君是爲康公六國年表云立幽公子駘又以鄭君陽爲鄭康公乙班固云鄭康公乙爲韓所滅鄭君乙立二年鄭負黍反復歸韓十一年韓伐鄭取陽城二十一年韓哀侯滅鄭并其國

太史公曰語有之以權利合者權利盡而交疎甫瑕是也甫瑕雖以劫殺鄭子內厲公厲公終背而殺之此與晉之里克何異守節如荀息身死而不能存奚齊變所從來亦多故矣

索隱述贊曰

厲王之子　得封於鄭　代職司徒

緇衣在詠　虢鄶獻邑　祭足專命

莊旣犯王　厲亦奔命　居櫟克入
夢蘭蹤慶　伯服生囚　叔瞻尸聘
鼞簡之後　公室不競　負黍雖還
韓哀日盛

鄭世家第十二　　史記四十二